SEGUNDA EDICIÓN—Revisada y Actualizada

Diez Cosas

Que Tu Estudiante Con Autismo Desearía Que Supieras

Ellen Notbohm

autora de *Diez Cosas Que Todo Niño Con Autismo Desearía Que Supieras*

Diez Cosas Que Tu Estudiante Con Autismo Desearía Que Supieras

Todos los derechos de comercialización y publicación grantizados y reservados por:

FUTURE HORIZONS INC.

(817) 277-0727
(817) 277-2270 (fax)
E-mail: info@fhautism.com
www.fhautism.com

© 2022 Ellen Notbohm
Website: https://ellennotbohm.com
Email: emailme@ellennotbohm.com
Social media: Facebook, Instagram, Twitter, LinkedIn, Pinterest

Traducido por Cymbeline Nuñez

ISBN: 9781957984018

Elogios para
Diez Cosas Que Tu Estudiante Con Autismo Desearía Que Supieras, Segunda Edición

Los dos mensajes más importantes de este libro son la importancia que tiene que los padres y los docentes trabajen juntos como un equipo y entender que tu hijo autista piensa de una manera distinta. *Diez Cosas que tu Alumno con Autismo Desea que Supieras* ayudará a padres y docentes a aprender métodos más eficaces para enseñar a niños del espectro autista.

> — Temple Grandin, PhD, autora de *The Way I See It* y *Thinking in Pictures*

✳

Es encantador encontrar un libro que abre una grieta en el cascarón del autismo, aportando un mejor entendimiento de alumnos con TEA. Ellen Notbohm nos ofrece una visión de los pensamientos internos de un niño con este trastorno, algo que se echa de menos a menudo cuando se trata de enseñar a este tipo de alumno. Un libro maravilloso a añadir en la biblioteca de cualquier educador/a

> — Sheila Wagner, M.Ed., autora de la serie de libros Inclusive *Programming for Elementary, Middle School and High School Students with Autism*

✳

¡Una bocanada de aire fresco! Ellen Notbohm deja atrás la dependencia de sistemas de intervención cansinos y rígidos y en su lugar se adentra en enfoques transaccionales vitales que son tan necesarios.

La parte más importante de cualquier PEI no es la categoría de diagnóstico sino el perfil individual del alumno. Este libro destaca esa sección, a menudo abandonada. Es sólo cuando se percibe la belleza única de cada niño, que se puede obrar el cambio. No hay lugar para fórmulas pre-definidas o dependencia en modalidades de tratamiento específicas. Los alumnos con autismo aprenden de manera distinta y se les debe enseñar de manera distinta. Nuevamente, este libro nos muestra como hacerlo.

Además, cuando se insiste en que sólo el niño debe "cambiar" para poder aprender, omitimos un ingrediente esencial. Ese ingrediente es el papel del docente para poder cambiar, innovar y acomodar de una manera transaccional. ¡Viva el aprendizaje circular!

Cuando percibimos verdaderamente a cada alumno con una mirada fresca, entendiendo que sus comportamientos siempre tienen una intención comunicativa, que los niños rinden bien si pueden, que la confianza, la curiosidad y el respeto son claves, entonces podremos quebrar viejos moldes cansinos y en su lugar permitir que la individualidad innata del niño se muestre y tenga éxito.

Un libro esencial para cualquier padre, educador y pediatra del desarrollo.

— Raun D. Melmed, MD, FAAP, director of the Melmed Center y co-fundador y director médico de Southwest Autism Research and Resource Center, Phoenix AZ, PhD, LCSW y autor de *Autism: Early Intervention, Autism and the Extended Family, Autism Parent Handbook: Beginning with the End Goal in Mind*, and the *ST4 Mindfulness Book for Kids* series

∗

En la continuación de su bestseller rompedor *Ten Things Every Child with Autism Wishes You Knew*, Ellen Notbohm aporta la misma inteligencia, humanidad y claridad compasiva a educadores que su volúmen previo había aportado a los padres. Hay joyas en cada página, una combinación impecable de sabiduría y corazón.

Diez Cosas que tu Alumno con Autismo desearía que Supieras, es un libro importante para adultos que desean hacer bien su labor con los niños bajo su cuidado. De hecho, el marco de mutualidad, atención, curiosidad y entereza de Notbohm es algo que beneficiará a todos los niños que estén lidiando con el deseo de ser reconocidos y entendidos, conectar, sentir que ellos importan y encontrar su lugar en el mundo.

Un libro brillante que será seguramente otro bestseller perenne, esta guía bien pensada de Notbohm es un libro que no debe faltar y es seguro que aumentará el número de padres, profesores y orientadores que cuentan con su labor para guiarles.

— Barbara Probst, PhD, LCSW y autora de *When Labels Don't Fit*

✳

Siempre es una alegría y educativo leer los libros de Ellen Notbohm, y su segunda edición de *Diez Cosas que tu Alumno con Autismo Desearía que Supieras* no es una excepción. Me encantan los temas subyacentes del libro que abarcan el optimismo, respeto hacia las diferencias y la fe en nuestros alumnos. Se nos recuerda y anima a tener curiosidad acerca de sus estilos únicos de aprendizaje, a fomentar su propia curiosidad como una importante herramienta de aprendizaje y aprender de nuestros alumnos para poder enseñarles de maneras en que ellos aprenden mejor. Más aún, ella arroja luz sobre el júbilo que es una parte integral del conocimiento y la enseñanza de estos alumnos. Ellen incluye experiencias personales, conocimiento de profesores y otros profesionales, y una experiencia auténtica por parte de la autora sobre temas de autismo, Jennifer McIllwee Myers. Las preguntas y sugerencias para discusión, reflexión personal o expresión personal serían perfectas para un club de lectura para profesores, preparación para enseñanza en autismo o estudio personal independiente. Aunque está escrito para alumnos del espectro autista en mente y corazón, cada una de estas Diez Cosas serían importantes para todo alumno. ¡Hay tantas cosas que amar en este libro!

— Wendela Whitcomb Marsh, MA, BCBA, RSD, autora de *Recognizing Autism in Girls and Women, Independent Living with Autism: Your Roadmap to Success,* and *Autism Parent Handbook* with Raun Melmed, MD, FAAP

*

Si fueses a leer un sólo libro sobre el autismo, que sea este. Y prepárate para el impacto emocional. Una vez más, usando experiencia personal de primera mano y literatura, Notbohm comparte su don de arrojar luz, optimismo y profunda sabiduría en un estilo de conversación que es académico y motivador. Notbohm no escatima palabras sobre una verdad obvia, para poder ayudar a alumnos a alcanzar su potencial completo, primero debemos entender el mundo tal y como ellos lo viven. Con humor y corazón, Notbohm ofrece perspectivas claras y estrategias inmediatas para ayudar a educadores, padres y otros ayudantes a hacer precisamente eso. Primero y ante todo, Notbohm entiende el poder del punto de vista del niño enseñándonos como mejorar la manera en que escuchamos, como mostrar respeto de una mejor manera y desarrollar la confianza para creer lo que se nos está diciendo. Un libro absorbente, enormemente educativo que no pude dejar de leer.

— Debra Whiting Alexander, PhD, LMFT, especialista en tratamiento post-traumático. Ex Profesora Adjunta de Piscología y Orient-ación Educativa de la Universidad de Bushnell, y Ex Profesora Adjunta de Psicología de la Universidad de Oregon State. Autora de *Children Changed by Trauma* and *A River for Gemma*

*

Diez Cosas que tu Alumno con Autismo Desearía que Supieras combina la sabiduría de un alumno con autismo, su familia y sus educadores durante toda su educación desde los años de preescolar hasta estudios superiores, comunicada a través de analogías, metáforas y datos concretos. Está escrito con humor y frases fáciles de recordar de manera que el lector puede aprender a escuchar las voces de nuestros alumnos autistas y responder de maneras que tienen significado para ellos. El libro empieza con puntos claros y concisos que detallan un mapa, luego aclara la infor-mación esencial para ayudar a los educadores a ofrecer su mejor labor para el crecimiento de sus alumnos. A través de numerosos y valiosos ejemplos, Diez Cosas aporta una visión que puede ser usada para gener-alizar una comprensión de las MUY distintas maneras que el cerebro de una persona con autismo está programado.

Las Diez Cosas descritas en este libro son críticas para la enseñanza de niños con TEA. Pero encontrarás muchas cosas que benefician a todos los niños en general. Al recordar mi propia carrera de 40 años como profesora, especialista en enseñanza y supervisora de distrito para profesores de educación especial, recomiendo encarecidamente *Diez Cosas que tu Alumno con Autismo Desearía que Supieras* para tu biblioteca de recursos educativos.

— Eileen Harrison Sanchez, MEd, LDTC, NCED-R, PreK-12 Supervisora de Educación Especial (jubilada), Princeton Public Schools, New Jersey, y autora de *Freedom Lessons*

✳

¡Ellen Notbohm lo ha vuelto a hacer! Todo educador debería tener y recurrir con frecuencia a este libro. Todo padre de un niño con autismo debería entregar una copia de este libro a cada uno de los profesores de sus alumnos. Las estrategias de comunicación en el Capítulo 2 pueden ser cruciales no sólo para un niño, sino para los adultos en la vida del niño. Como madre y educadora, recomiendo este libro por el impacto que puede tener no sólo en el año académico del niño, sino en su vida.

— Bobbi Reilly Sheahan, docente sustituta, profesora para enseñanza en casa y autora de *What I Wish I'd Known About Raising a Child with Autism*

✳

Diez Cosas que tu Alumno con Autismo Desearía que Superias, es una guía esencial para cualquiera que ame, trabaje y apoye a los niños.

Uno de los mayores retos para alumnos con necesidades de aprendizaje diferentes es cuando quienes se supone que les están apoyando, no entienden cómo las mentes y los cuerpos de sus alumnos interactuan con otras personas y su mundo. Entender cómo el individuo del espectro autista conecta con el mundo y estar dispuestos a acomodar una manera de interactuar que difiere de la tuya es vital para crear los cimientos para relaciones positivas, instrucción, defensa y equidad. Este libro es una guía de largo alcance para la comprensión de los hilos en común más destacados en la comunidad autista.

La promoción realizada por Ellen Notbohm está informada por la experiencia, investigación, empatía y una pasión por hacer que las vidas de los individuos del espectro y la de quienes interactúan con ellos, sean más gratificantes. Este libro ofrece una guía clara y específica que se puede hacer, es lógica, significativa y relevante. Debería ser lectura obligada para todos los profesionales del ámbito infantil.

— Kassie Evans Halpin, M.Ed, Educadora Especial, Coordinador de Aprendizaje, Defensora de Diversidad Educativa, Equidad, Inclusión y Apoyo Individualizado

También por Ellen Notbohm traducido
al español

Diez cosas que todo niño con autismo desearía que supieras,
3ra Edición

Para Connor y Bryce

... como si mis libros pudieran ser cualquier cosa menos

Contenido

Una precisión sobre el lenguaje usado
en este libro

El vocabulario y lenguaje usado por personas autistas y no autistas ha evolucionado a lo largo de las últimas décadas y seguirá evolucionando para reflejar un conocimiento creciente, diferencias culturales y preferencias individuales cada vez mayores. No hay un sólo formato que los represente a todos.

Este libro utiliza los términos *autista, con autismo, con TEA* (*Trastorno de Espectro Autista*), y *del espectro* de manera intercambiable.

Este libro reconoce a todas las preferencias de género. Él, ella y el singular de ellos y se usan de manera indistinta.

Prefacio

En la primavera de 2004, escribí una obra breve titulada "Diez Cosas que Todo Niño con Autismo Desearía que Supieras." Lo hice como un reto. Mientras estaba recabando ideas para nuestro libro *1001 Ideas Geniales para la Enseñanza y Crianza de Niños con Autismo o Asperger*, mi co-autora y editora Verónica Zysk, me envió un artículo que era una lista escrita por una madre a una profesora. Yo ya había visto otros artículos similares, y había visto artículos escritos desde el punto de vista de un profesor, pero nunca había visto nada que reflejara el punto de vista de un niño autista. "¿Pero quién habla por el niño?" Le comenté a Verónica.

"Tú," fue la respuesta. "Escribe esa obra."

Las palabras que dieron vida a esas diez cosas originales fluyeron en mí de manera libre, como si proviniese de alguna parte natural del paisaje. Nunca hubiera podido imaginar la respuesta. Viajó al internet como un fuego y llegó a publicarse en docenas de publicaciones en todos los continentes (vale, en la Antártida no). En menos de un año, siguió un libro basado en el artículo y eso también me trajo nuevos amigos en todo el mundo.

Cuando empecé a recibir solicitudes de más artículos similares, tuve que pensar en qué es lo que tenía *Diez Cosas* que resonaba tan profundamente entre un grupo tan diverso de personas. Parecía borrar todas las fronteras: género, culturales, raciales, políticas, religiosas, económicas. Los lectores dejaban claro que lo evocador era el hecho de que el libro hablaba desde la voz de un niño, una voz que no se ha escuchado suficientemente, y, en muchas culturas y comunidades de manera nula. Que esas voces pasen desapercibidas es triste y está mal, pero no es de extrañar cuando uno de los sellos distintivos del autismo es la auténtica carrera de obstáculos para una comunicación efectiva.

Había y sigue habiendo, una gran necesidad y una creciente voluntad de entender el mundo tal como lo viven los niños autistas. Así que la voz de nuestro niño regresó en un segundo artículo "Diez Cosas que tu Alumno con Autismo Desearía que Supieras," para decirnos lo que los niños autistas desean que sus educadores supieran. Esto también se convirtió en una antorcha pasada de lector en lector en todo el mundo. Sólo era cuestión de tiempo para que mi editora y editorial sugirieran, con firmeza, que este libro sería un siguiente paso tanto natural como necesario. Al mismo tiempo, profesores de preescolar hasta la Universidad, me contactaron con el deseo de usar mi obra como material de preparación para miembros de familia, cuidadores, administradores y empleados. La voz del niño ofrecía un punto de partida obligado para facilitar a la población en general a que entraran en el cambio de pensamiento que es necesario si vamos a tener éxito en llegar a nuestros niños autistas y enseñarles.

> **Tendría que enseñar cosas que todavía no sabía y de una manera que no me era familiar. Tendría que aprender primero antes de poder enseñar.**

Este libro nació por dos razones generales. La primera es que, desde el momento en que escuché la palabra "autismo" aplicada a mi hijo Bryce, estuve firme en mi deseo de jugar las cartas que nuestra familia había recibido sin amargura ni culpa, de una manera constructiva, positiva y sana todo lo más posible. La segunda razón es que, aunque ya les había y les tendría que enseñar cosas que todavía no sabía y de una manera que no me era familiar. En otras palabras, tendría que aprender antes de poder enseñar.

(obviamente) apuntada por mi papel como madre, me di cuenta pronto que necesitaría ser profesora para muchas más cosas que modales en la mesa y atar cordones de zapatos. Tendría que enseñar cosas que todavía desconocía.

Esta es la peligrosa encrucijada en la cual, es muy fácil verse desbordado si *profesor* significa educador o padre/cuidador.

¡Hay tantas cosas sobre el autismo que no sabemos ni entendemos! ¡Hay tantas cosas que un niño necesita aprender! ¡Una jornada lectiva sólo tiene seis horas! ¡Sólo hay 175 días de clase en un año académico! ¡Sólo hay quince (o menos) años hasta que se hace adulto! Si, tendría que aprender primero, pero lo primero que necesitaba aprender era cómo fijar mi ritmo de aprendizaje y el viaje. No podía saber todo de antemano ni hacía falta. Podría aprender a medida que íbamos avanzando y eso es lo que haría. Lo único que necesitaba era estar un paso por delante de mi hijo, dentro de su alcance. E incluso cuando ese paso modesto no era posible, me acomodé para aprender a su lado, las mismas cosas al mismo tiempo, lo cual tiene su propia clase de poder hermoso. Igual de importante fue aprender que no iba a poder hacer todo esto sola, y no tendría que hacerlo. Aunque Bryce sería mi maestro principal, muchas otras personas, niños y adultos, participarían en enseñarme también.

¿Qué tiene cualquier docente que incita el aprendizaje, nos hace tener curiosidad por nuestro mundo? ¿No estamos todos más abiertos hacia el aprendizaje cuando nos fiamos del mensajero y sentimos que tanto nuestros esfuerzos y nuestra manera personal de pensar y hacer son respetados? Si nos sentimos validados por nuestros profesores como personas individuales, estamos más dispuestos a asumir el riesgo necesario para aprender. ¿No respondemos todos más animadamente a quienes creen en nosotros de manera activa, en contraposición a quienes comunican impaciencia, indiferencia, duda o resignación?

A menudo no es fácil, pero funciona. Y funcionó para mi hijo porque él, y toda mi familia, tenían la inabarcable ventaja de aprender de docentes inmensamente solidarios a cada paso del trayecto. Pero no puedo enfatizarlo más: no tuvimos "suerte". Consideré docenas de colegios en el radio de veinticinco millas que había entorno a nuestra casa, hasta que encontré el colegio que destacó como el mejor para nuestros dos hijos (el mayor había sido diagnosticado con TDAH). Dimos pasos rigurosos para matricularles en ese colegio. Esos pasos no eran tan importantes como el hecho de que estábamos dispuestos a hacer lo que hiciera falta (hasta donde permitían nuestras condiciones personales), porque la cultura de la enseñanza de la comunidad docente de ese colegio era lo que nuestros hijos necesitaban para lograr el éxito. Lo que yo aprendí al lado de los muchos docentes entregados que han trabajado con Bryce fue el ímpetu de este libro. Sus voces resuenan en todo el libro, les identifique o no.

Mi búsqueda del colegio correcto se redujo al Unico Colegio, mientras entrevistaba a los últimos padres de la zona y profesionales en mi lista. Extrañamente, había estado escuchando el mismo comentario una y otra vez: "Oh, sí, es un colegio maravilloso. Pero hagas lo que hagas, cuando llegues al tercer curso, asegúrate de conseguir a Jackie, la mejor profesora de todas." Me enteré de que Jackie Druck tenía esta reputación desde hacía varias décadas. Cuando Bryce fue asignado a Jackie en tercer grado, pasé todo el tiempo en clase con él que él me toleraba (respetando que esto era su mundo y no quería que yo estuviera allí más que ocasionalmente, una parte completamente comprensible de su independencia creciente). Y, durante el tiempo que pasé en el aula de Jackie, me vi muy sorprendida. Para ser una persona con una reputación tan grandiosa, ella era una persona de bajo perfil, sencilla. Su aula era tranquila y ordenada, a menudo se escuchaba la música pacífica y fluida de Enya sonando suavemente. No podía detectar qué cosa concreta hacía ella que hacía que dos generaciones de niños, incluido Bryce, estuvieran tan encantados con ella.

Y, sin embargo.

Cuando los niños escribían sus ensayos de fin de curso, resaltando sus partes favoritas de tercer curso, estaba claro que la mayor parte, si no todos, estaban enamorados de ella. Cuando se jubiló, poco después, la fiesta de despedida se tuvo que celebrar en un parque de la ciudad para poder acomodar a todas las personas que querían asistir.

Tuve que rumiar todo esto con mi amiga de la Universidad, Shirley, una profesora. Shirley y Jackie nunca tuvieron ningún tipo de contacto, sin embargo Shirley no dudó en contestar mi pregunta: "Yo te puedo decir lo que tiene ella," dijo "Apuesto que tiene un respeto profundo inherente por cada niño y que es capaz de comunicarles eso. Los niños están dispuestos a hacer bastante para profesores que les respetan como individuos antes que nada."

Dos intercambios llamativos se desarrollaron al comienzo de nuestro año en la clase de Jackie. En nuestro primer encuentro, ella me dijo que estaba emocionada por trabajar con Bryce. Ella dijo que sólo había enseñado a otro alumno con autismo hacía unos años y él había sido muy distinto a Bryce. Tuve que sonreír un poco mientras le decía con suavidad que si ella llevaba enseñando durante treinta y cinco años, había debido tener a muchos más alumnos así. Pero que era posible que no hubiera sabido qué estaba viendo. Efectivamente, unas semanas más tarde, recibí una llamada. "Tienes razón," dijo ella. "He tenido docenas de niños autistas. *Cuánto más habría podido hacer si lo hubiera sabido.*"

La voluntad de Jackie de ser una aprendiz de por vida, su curiosidad, y respeto por toda clase de enseñantes era la clave de su éxito. En conferencias de padres dos meses más tarde en el curso escolar, me saludó con: "Voy a tener que tenerle en mi clase durante un par de años más."

Me quedé aturdida. Había creído que las cosas iban tan bien: "¿Tan mal va?" Le pregunté a ella. "No, tonta," dijo ella. "Sólo es que estoy intrigada por él. Hay tantas cosas que tengo que aprender acerca de él. Que me enseñe."

Antes de empezar

Aunque este libro contiene algunas sugerencias específicas para el aula, su propósito primario es introducir esta clase de ideas en conceptos más amplios que, esperamos, gobiernen a los maestros que tenemos dentro, bien sean educadores preparados, empleados de apoyo, padres, terapeutas, administradores, miembros de familia o... ¡Preparador de Quiddich! Si conoces la saga de Harry Potter, estoy segura de que te has dado cuenta de que los equipos de Quiddich no tienen preparadores adultos. Son unidades dirigidas por alumnos enteramente, que ganan o pierden a base de sus propias experiencias, conocimientos y habilidades para funcionar como un equipo, sin guías adultos. ¿Será por eso que lo llaman magia?

Las estrategias y tácticas son vitales y necesarias, las tuercas y tornillos de la búsqueda educativa. Pero queremos ir más allá de eso, para considerar lo bien que irá la locomotora después de que todas las tuercas están en su sitio, después de añadir la fórmula correcta de carburante que le permitirá desplazarse. Una persona de mi familia política estaba al cargo del mantenimiento de aeronaves en una base militar. Él resumía este trabajo crítico como "apretar lo que está suelto y aflojar lo que está demasiado apretado". Y así es con el tuneado de un niño hasta que pueda llegar a su máximo potencial. Su éxito futuro depende de mucho más que cualquier dato que les intentemos enseñar.

Ser capaces de escuchar las voces de nuestros alumnos autistas y responder de maneras que sean significativas para ellos, tenemos que ser capaces de salir de nuestros puntos de vista profundamente grabados y nuestro marco de referencia. La mayoría de nosotros pensamos en palabras, mientras que este niño puede que piense en imágenes. Abrazamos las sutilezas del lenguaje, mientras que ellos necesitan explicaciones específicas. Mientras que nosotros deducimos contexto y motivación de nuestras observaciones de otros, ellos pueden estar cegados mentalmente ante tales sutilezas sociales. Lo que a nosotros nos parece un olor agradable, para un niño autista es nauseabundo. Sonidos que nosotros filtramos de manera rutinaria, son machacones para ellos. Algunos adultos insisten que el niño autista, "está en su pequeño mundo" y que debe "unirse al mundo real", pero tenemos que empezar a aceptar y actuar desde una comprensión de que el mundo propio del niño es tan real para él que el nuestro para nosotros. Animamos y motivamos a nuestro niño a que se una a un mundo más grande, no a través de insultos, vejaciones y puntos de vista estrechos, sino dándole metas que son claras, relevantes, que van en aumento, son apropiadas para su desarrollo mental y alcanzables, y luego dándole las herramientas, estrategias para solucionar problemas y apoyo para lograr esas metas. Les enseñamos cómo ir a por logros realistas y cualidades realistas, y ajustamos las metas para que reflejen el progreso y el cambio constante que les rodea. Ese es el mundo real que deberíamos querer para ellos.

Casi todos los profesores con los que yo he pasado tiempo, me dicen que la magia del mundo real descansa en "ver encenderse la bombilla" con cualquier niño. Si no puedes encontrar el interruptor, el andar a tientas puede ser frustrante. Mi esperanza es que este libro guiará tu mano a ese interruptor. Es más fácil de lo que piensas y a la vez más desafiante de lo que crees.

Una gran parte de este libro tiene que ver con explorar las maneras en que tus alumnos autistas experimentan su paisaje social y físico de maneras diferentes, en la manera en que piensan, se relacionan con otros y procesan sus sensaciones sensoriales. Pero como maestros y padres-maestro, nunca debemos perder de vista el hecho de que los niños autistas comparten muchas características con niños no autistas. Las Diez Cosas que se describen en este libro son funda-mentales para la enseñanza de niños con TEA. Pero encontrarás muchas cosas que benefician a todos los niños en general. Por favor, fíjate en que digo "todos los niños" no "niños normales".

No verás la palabra "normal" en este libro fuera de comillas. Como muchos padres lo han vivido, el diagnóstico de autismo de mi hijo hizo que otros preguntaran en variaciones de la pregunta: "¿Aprenderá a ser normal alguna vez?" Las primeras veces que escuché tales presunciones y preguntas carentes de sensibilidad me quedé estupefacta. Pero más tarde, encontré que estas personas eran tan carentes de perspectiva humana que casi me dieron lástima. Les sonreía y guiñaba un ojo diciendo con "¡Si alguna vez llega a existir algo semejante" o "No, nunca será un caso normal." Y citaba al cantautor canadiense Bruce Cockburn que lo clavó: "El problema con lo normal es que siempre va a peor."

Una generación de niños autistas ha crecido para llegar a ser adultos autistas elocuentes y abiertos en los años que han seguido a la primera edición de este libro. Muchos han dejado claro que lo "normal" no sólo era algo inalcanzable para ellos sino que no es algo que ellos aspiren a lograr, y en algunos contextos, no es sano para ellos. Como autora, defensora del autismo, Jennifer McIlwee Myers nos dice más adelante en el libro" Por favor, no intenten hacernos `normales`. Preferimos mucho más ser funcionales. Es difícil ser funcional cuando tienes que gastar todo tu tiempo y energía en dedicarte a no dar golpecitos con el pie."

La pandemia de la COVID-19 que empezó en 2020, lanzó "normal" a los vientos prevalentes de todas las latitudes físicas, sociales y emocionales una y otra vez. Las frases como "la nueva normalidad" y "de vuelta a la normalidad" y similares parecían desafiar su definición, cambiando de forma de día a día, mes a mes, persona a persona, boca a boca y prácticamente cualquier otra variable. La comunidad de los discapacitados alzaron una ceja colectiva de "te lo dije", habiendo rechazado desde hacía mucho el término "normal" como algo significativamente indefinible. Como Myers lo describe:

"Las personas discapacitadas están muy acostumbradas a tener poco peso socio-económico, especialmente en el ámbito de la salud, así que una gran parte de lo que está pasando es sólo su/nuestro normal, pero más intenso. ¿No puedes conseguir las cosas que necesitas sólo para poder funcionar? ¿No puedes conseguir atención sanitaria porque tu necesidad no cuenta ahora mismo? ¿No puedes salir de casa sin riesgo y dificultad? Eso es lo corriente para muchas personas discapacitadas."

Así que ¿qué es "normal" y cómo debe, debería impactar en cómo enseñamos a los niños autistas? Mi mejor definición de lo normal, la que uso a diario desde hace muchos años, la que nos ofrece una oportunidad abierta, provino, ¡claro! De un educador.

"Una Palabra sobre Normal", es uno de mis pasajes favoritos de cualquiera de mis libros. En él, un terapeuta del habla del colegio contesta a una madre preocupada porque su hijo no ha hecho muchos amigos y puede que "no haga todas las cosas normales de adolescentes que hacíamos nosotros."

> "Cuando su hijo llegó a mí el año pasado," dice el terapeuta del habla a la madre, "sus habilidades intelectuales sociales, eran casi inexistentes. No entendía por qué tendría que decir hola a la gente en los pasillos, no sabía cómo hacer una pregunta para hacer avanzar una conversación o cómo interactuar con un compañero en la hora de comer. Ahora está trabajando en esas cosas. Eso es una gran cantidad de progreso."

> "Pero sólo ha hecho dos amigos."

> "Yo diría eso de otra manera: ¡Ha hecho dos amigos! Uno comparte su interés por los trenes a escala y otro comparte su interés por correr. Él sabe cómo se siente usted, también. Así que voy a compartir con usted lo

que me dijo el otro día. Dijo: "No quiero muchos amigos. No puedo manejar muchos amigos. Más de uno a la vez me estresa. Puedo hablar con estos dos amigos de las cosas que me interesan, son geniales para mi."

"Dése una vuelta por este colegio o cualquier otro," sigue diciendo el terapeuta del habla. "Verá una gran gama de comportamiento "normal" de alumnos. Verá gente normal que son empollones, normales deportistas, normales musicales, normales artistas, normales "techie". Los chavales tienden a unirse a grupos que les hacen sentir seguros. De momento, su hijo ha encontrado su grupo. Usted y yo pisamos una raya fina: honrar a sus elecciones a la vez que seguimos enseñándole las habilidades que necesita para sentirse cómodo mientras expande sus límites."

Su hijo tiene muchos seres sociales. Abrazarlos todos y por lo tanto a él como un niño entero, es redefinir qué consideramos como "normal", una persona por vez.

[extraido de *1001 Great Ideas for Teaching and Raising Children with Autism or Asperger's*, segunda edición, por Ellen Notbohm y Verónica Zysk (2010, Future Horizons)]

Al final, no es necessario señalar a un niño en el espectro para que reciba "tratamiento especial". Es sobre como enseñar las fortalezas y necesidades de otra clase de aprendiz. El progreso llegará. Verás encenderse la bombilla (quizás con incrementos impredecibles), y los resultados serán emocionantes. ¿No es esa la razón por la que te hiciste docente en primer lugar?

Empecemos.

Aquí hay diez cosas que tu alumno con
autismo deseara que supieras

El aprendizaje es circular

Todos somos maestros y alumnos.

Algunos de mis profesores han dicho que han aprendido mucho de mí. Esto me ayudó a darme cuenta de que el aprendizaje fluye en todas las direcciones, no sólo de tí como docente a mi como alumno, sino de alumno a profesor, de profesor a profesor, de profesor a padre y de padre a profesor. Este gran círculo de aprendizaje hace que todo funcione para todos. Piensa en lo que sucede cuando los profesores sólo pueden pensar en una sola dirección. Hay una secuencia en una película muy divertida llamada *Todo en un Día*. Un niño está dormido con la cabeza encima del pupitre en un charco de babas mientras que el profesor está allí hablando y hablando, intentando conseguir que "¿Hay alguien? "Hay alguien?" que le responda. Estoy bastante seguro de que ese alumno no está aprendiendo nada.

Podrías decirme que el mundo es como un rompecabezas de dos caras con 2.000 piezas de oportunidades para aprender. Pero mi autismo puede hacer que me sea difícil reconocer esas oportunidades. No aprendo de la manera que lo hace la mayoría de las personas. Mi manera de pensar autista puede interferir con mi habilidad para entender la información que me rodea. Pero hay una cosa que sé: tú tienes tanto que aprender de mí como yo de tI.

3

Los alumnos autistas necesitan profesores a los que les encanta aprender también. Tú me ayudarás a aprender cosas que yo necesito saber, y lo que tú aprendas de mí es muy importante también, porque hay muchas más personas como yo que llegarás a conocer.

Somos un equipo

El éxito depende de que todos trabajemos juntos.

Normalmente pienso que la palabra "equipo" es una palabra del deporte. Los jugadores juegan en sus propias posiciones pero llevan las mismas ropas de manera que todo el mundo pueda ver que están todos trabajando juntos. Cada jugador es importante y los miembros del equipo dependen unos de otros. Comparten los triunfos y las pérdidas, se dan la mano cuando uno de ellos hace algo genial. Se ayudan unos a otros cuando alguien del equipo está teniendo un mal día.

Busqué la palabra "equipo" en el diccionario, y creo que todos deberíamos apuntar esta definición y pegarla en el espejo del cuarto de baño: "Equipo: un grupo de personas que comparten un propósito o tarea y dependen unos de otros durante un periodo de tiempo dilatado para lograr el éxito." Puede que sea bueno o no en el deporte, pero como niño autista, tener personas a mi alrededor que quieran jugar en mi equipo es lo que necesito para tener éxito y nada menos.

Pienso de una forma diferente

Enséñame de una manera que sea significativa para *mi*.

Debido a que pienso de una manera distinta, mi autismo exige que me enseñes de forma diferente. Si quieres enseñarme a ver la vida y el aprendizaje como una gama de colores, tienes que empezar por entender que muchas de las experiencias de la vida para mis ojos son blanco o negro, todo o nada.

El autismo es una manera diferente de *pensar*. Mi cerebro funciona de una manera distinta a la tuya. No es raro o malo, sólo diferente. Sin embargo, tu manera de pensar es tan natural para tí que no puedes ni imaginar que podría ser *extraño para mi*.

Para tí, las asociaciones entre las cosas que aprendes, las cosas que te pasan y la gente que te rodea, se forman de manera natural y sin que nadie te lo tenga que enseñar de forma específica. Para mí, todas estas partes existen en células independientes no relacionadas, y yo tengo que hacer un esfuerzo por conectar los puntos. Cada punto está aislado.

Por favor, date cuenta de lo mucho que esta forma diferente de pensar afecta el aprendizaje y enséñame de una manera que respete como pienso, quién soy y qué soy, un niño con autismo.

La conducta es comunicación:
Tuya, Mía y Nuestra

Oigo a adultos hablar sobre la mala conducta, conducta negativa, conducta que "aparece de la nada" o "sin razón alguna". Para mí, *toda* la conducta es sólo eso, conducta y toda mi conducta tiene una razón de ser. Es información sobre lo que está pasando entre tú y yo, lo que está pasando dentro de mí y sobre factores que podemos o no podemos ver en nuestro entorno que me afecta. Te habla, cuando mis palabras no pueden o no me están escuchando, para decirte cómo estoy experimentando lo que sucede a mi alrededor. Cuando intentas cambiar mi conducta sin averiguar el qué, el por qué o quién está detrás de la conducta, yo me doy cuenta de que la conducta de todos cambia: ¡a peor!

Empieza por creer esto: Yo sí quiero aprender a interactuar de manera apropiada. Lo que tú llamas conducta negativa interfiere con mi aprendizaje y ningún niño quiere o le gusta que machaquen sus sentimientos con las reacciones que suscitan nuestro "mal" comportamiento. Tal comportamiento significa que uno o más de mis sentidos o emociones se ha sobrecargado O que no puedo comunicar mis deseos o necesidades o no entiendo lo que se espera de mí. O sí entiendo lo que se espera de mí pero no tengo las habilidades o el conocimiento (aunque tú puedes pensar que sí), y detesto el "mal comportamiento" que recibo de otros cuando fracaso.

La conducta es un síntoma. Mira más allá de la conducta para encontrar la fuente de mi incomodidad. Meramente lograr que yo pare estas conductas no es suficiente; no se dirige hacia la causa básica o necesidad, así que es probable que se me ocurra otra conducta para intentar responder a mi necesidad. Identifica esa necesidad, luego alivia la fuente y enséñame maneras aceptables (para los dos) para poder lidiar con las cosas para que el verdadero aprendizaje pueda fluir.

Atascado, Liado y Desconcertado

Si no nos podemos comunicar, ninguno
de los dos va a aprender mucho.

Enséñame de manera integral

Soy mucho más que un conjunto de piezas rotas o faltantes.

Soy un niño. Cuando miro el espejo, eso es lo que veo, un niño, no esas palabras que escucho como "temas" o "síntomas". Como tú, yo soy una combinación única de cuerpo, mente y espíritu. Como tú, tengo una personalidad única con mis propias ideas, intereses, gustos y cosas que no me gustan, sueños y miedos.

Enséñame a *mí*, un niño entero y futuro adulto, no una colección de síntomas o habilidades ausentes o un conjunto de piezas inconexas. Enséñame no sólo lo que tengo que hacer, pero cómo todas las partes de mí, como mis pensamientos y emociones y reacciones, tienen que trabajar juntos para que yo entienda y me sienta cómodo en el mundo de "nosotros" y no sólo el de "yo". Darme datos o habilidades sin conexión social o emocional puede que no sea enseñarme gran cosa.

Ten Curiosidad

... ten *mucha* curiosidad.

Cuando yo estaba aprendiendo a leer, mi terapeuta del habla me "paseaba por los dibujos" por los libros. En cada página mirábamos los dibujos y decíamos, "Me pregunto". "Me pregunto: ¿Qué pasará luego? Me pregunto: ¿Por qué esta persona parece estar triste? Me pregunto: ¿Quién llama a la puerta?" Juntos buscábamos las respuestas a todas nuestras preguntas de "Me pregunto".

Ten curiosidad por saber qué me late y los caminos secundarios que tendrás que recorrer para llegar hasta mí. Como muchos niños autistas, mi necesidad de tener una rutina y cotidianeidad significa que puede que no tenga una curiosidad natural, así que necesito que tengas el doble de curiosidad. Tu curiosidad me muestra cosas maravillosas: que te preocupas por mí y que más allá de memorizar cosas y repetirlas, más allá de lo que yo necesito hacer para aprobar, el verdadero aprendizaje sólo ocurrirá cuando sea capaz por fin de salir de mi lugar de confort y entre en un mundo que es a menudo temible y sobrecogedor para mí. Y, más importante todavía, aprenderé sobre las experiencias interesantes y que se pueden disfrutar que puedo tener si me permito tener curiosidad.

Me pregunto: ¿Cuánto podemos aprender juntos si podemos recordar tener curiosidad?

15

¿Puedo confiar en tí?

Incrementa mi confianza en tí, porque sólo si puedo fiarme de tí podrá desarrollar libremente el aprendizaje. Sólo porque seas un adulto encargado de cuidarme no significa que voy a confiar en tí de manera automática. Puede que obedezca tus instrucciones, pero eso no es lo mismo que confiar en tí y obedecer no significa que esté aprendiendo tampoco. Confiaré en alguien que es consistente, respeta mis necesidades individuales y hace lo mejor que puede por cumplirlas y confiaré en alguien que sea honesto conmigo, incluso y especialmente cuando no tiene todas las respuestas.

Cuando pueda confiar en tí, podré ver más fácilmente que lo que estás intentando enseñarme es relevante y me ayuda (lo es, ¿verdad?). Cuando pueda confiar en tí, puedo confiar en mí mismo. Y cuando pueda confiar en mí mismo, ¡fíjate cómo aprendo!

Creer

Ese tío de los coches, Henry Ford dijo: "Da igual que pienses que puedes o no puedes, en ambos casos tienes razón."

Cree que puedo aprender. Adapta tu enseñanza a mis necesidades y mira como mi aprendizaje crece y prospera.

Si crees que puedes marcar la diferencia conmigo lo podrás hacer.

Pero antes de que yo entienda que crees en mí, necesito que me creas. Créeme cuando te digo algo: por raro que suene, ten curiosidad por averiguar qué digo. Y, si no puedo encontrar las palabras correctas, cree en lo que te dice mi comportamiento. Puede que no pueda ser tan expresivo como los otros niños, o puede que no alce la voz porque me he acostumbrado a que la gente me desprecie, me regañe, me niegue o se burle de lo que digo en vez de creer lo que digo.

Si quieres animarme a ser todo lo que puedo llegar a ser, empieza por creerme. Luego cree *en* mí para que pueda seguir adelante mucho después de que haya salido de tu aula.

Enséñame "a pescar"

Considérame un adulto capaz y mantén esa visión.

Los chinos tienen un dicho: "Dále a un hombre un pez y le alimentas durante un día. Enséñale a pescar y le alimentas toda la vida." Las cosas más importantes que puedes enseñarme no se encuentran en un libro, en una hoja de trabajo o en una aplicación. Necesito aprender habilidades para poder vivir mi vida adulta de manera lo más independiente y significativa posible.

Haz que aprender sea relevante para mi. Enséñame cómo usar el conocimiento de maneras que voy a necesitar como un adulto capaz de cuidarse pero también que sea capaz de interactuar bien con compañeros de trabajo, vecinos, amigos y gente del mundo en general.

Una vez escuché a un pescador describir la pesca como el arte de echar el anzuelo y la ciencia de recoger lo pescado. Enséñame tanto el arte como la ciencia de mi vida.

Capítulo Uno

El aprendizaje es circular

Todos somos maestros y estudiantes.

La idea de que el aprendizaje es circular no es una cosa nueva o única. Muchos de los profesores de Bryce me han dicho que aprendieron una gran cantidad de cosas de él y que aprenden de manera constante de todos los niños a los que enseñan. Esto no sólo me parece natural, sino emocionante.

Sin embargo, recuerdo una madre, en los primeros días después del diagnóstico de mi hijo, que se alteraba con este tipo de comentario diciendo: "Estoy tan cansada de oír hablar a maestros que dicen que han aprendido tanto de mi niño, Quiero que le enseñen, no que aprendan de él." Al leer entre líneas, yo escuchaba una urgencia ansiosa, la vastedad de todo lo que ella sentía de lo que su hijo necesitaba entender, chocar con las limitaciones de las seis horas lectivas de un día de colegio. Para padres y profesores a la vez (y muchos que son ambas cosas), todos hemos sido visitantes frecuentes a ese lugar de impaciencia, pero necesitamos no olvidar que eso es contraproducente. En el aula, el hogar y en la comunidad, padres y maestros tienen, lo más que puedan, que aprovechar las oportunidades de enseñanza a medida que se presenten. Pasar de esas oportunidades para ahorrar tiempo, eventualmente ralentizará el proceso de aprendizaje. ¿No podría ser de otra manera?

Porque he aprendido al lado de tantos profesores superlativos a lo largo de los años, he experimentado el poder del aprendizaje circular en acción, donde las energías del aprendizaje y de la enseñanza recorren el circuito de ida y vuelta entre todos los individuos de todas las edades y de todos los niveles académicos y de la vida. Todo empezó justo al comienzo, cuando Bryce entró en preescolar. La muy dotada "Profesora Christine" Hunt personificaba el aprendizaje circular. Antes de que se acabara nuestro año juntos, ella insistía en que yo escribiera un libro. Luego me insistió durante siete años hasta que lo hice.

Veda Nomura no era menos que ella, una terapeuta ocupacional que era parte del equipo de profesores de Bryce. Veda guió a Bryce y a mí también con paciencia para que llegáramos a entender el diabólicamente complicado paisaje de la integración sensorial. Fue una de las proposiciones más duras a las que he tenido que enfrentarme en toda mi vida. Cuando lo logré al fin, coloqué a Veda en un pedestal tan alto que inducía el vértigo..

Así que me quedé particularmente embelesada con la contribución de Veda a un mural en el aula de la Profesora Christine. Cada niño y adulto había contribuido con una foto suya con un texto que llenaba la frase: "Estoy aprendiendo a _____." Bryce escribió que estaba aprendiendo a montar en bicicleta. Veda escribió: "Estoy aprendiendo como criar a adolescentes". La frase de ella me hizo darme cuenta que no importa lo sabio o capaz que pueda ser cualquiera, todavía estamos aprendiendo, todavía buscando la mejor manera para lidiar con nuevos retos.

Muchos libros, artículos y posts sobre el autismo, se refieren a su "misterio", pero a mi no me gusta esa palabra. No me interesa descifrar un misterio. Quiero saber qué viene luego. Y porque quiero saber lo que viene después, no me gustan las implicaciones de la palabra "misterio" si sugiere que "desconocido" es sinónimo de "sin poder saberse." Al igual que un buen misterio se disuelve en las manos de un buen detective, el autismo es posible de conocer. Empezamos por saber que los niños con autismo no son una población monolítica. No hay dos iguales y no hay una sola manera de abordarlo que sea eficaz. Lograr el éxito con un niño autista es a menudo una cuestión de descubrir lo que no funciona tanto como encontrar lo que sí funciona y cualquier descubrimiento puede ser tan sencillo (y a la vez tan complejo) como reformular o ordenar nuestras preguntas de otra manera. Puede ser agotador y desesperante, pero nunca es un fracaso. "¡Resultados!" dijo Thomas Edison. "Pero hombre, he conseguido muchos resultados. Sé de varios miles de cosas que no funcionan." Con esta mentalidad, muchos padres y maestros bloqueados por la incapacidad de un niño autista para expresar lo que necesita pero decididos a encontrar una manera de llegar, finalmente lograron la conexión exitosa con el niño haciendo la pregunta corriente de ¿qué quieres? Pero al revés: qué es lo que no quieres, qué es lo que no te gusta, qué es lo que no debo hacer. Invertir la perspectiva invirtió el misterio.

El filósofo alemán Martin Heidegger nos dice: "Enseñar es más difícil que aprender porque lo que exige la enseñanza es: dejar aprender." Eso es un concepto explosivo pero es el núcleo del aprendizaje circular. Como adultos, nosotros cargamos con el peso. Tenemos que soltar todos nuestros engreimientos y presunciones para permitirnos aprender lo que necesitamos saber para poder ser capaces de enseñar a un niño autista, cuyos pensamientos tienen su orígen en una arquitectura y marco de referencia claramente distintos a la nuestra. Aventurarse en un lugar donde no conocemos el territorio y no tenemos todas las respuestas puede ser un desafío,

25

sin duda alguna. "Si, como maestro encuentras que eso es un lugar incómodo, lo capto," dice tu alumno autista: "Así es como yo me encuentro durante bastante tiempo, cuando a menudo no sé las respuestas." Esto es cierto para profesionales y padres. Pero no es una razón para no aventurarse o no fijar el ejemplo de explorar nuestras habilidades y fronteras. Un amigo nuestro una vez dejó un trabajo cómodo como docente en un colegio bueno para asumir un trabajo al otro lado de la ciudad como director adjunto en un colegio con fama de difícil. Cuando le preguntamos por qué, él dijo que lo consideraba un "desafío aceptable." La incomodidad puede ser una cosa buena cuando la abrazamos como ímpetu para avanzar al siguiente nivel de crecimiento, a cualquier edad.

Y entonces, cuando nos hemos permitido aprender bien, necesitamos dejar que nuestro alumno aprenda. Por su naturaleza, esto no puede ser un proceso libre de dolor para nosotros o para el niño. Los mejores de entre nosotros se cuestionarán si lo hicimos bien o si podíamos hacerlo mejor o no. ¿Perjudicamos al niño, que ya de por sí tiene que hacer un esfuerzo grande debido a su autismo, de manera no intencionada y/o de manera innecesaria?

Todavía apenas puedo pensar en todos los errores que cometí con mi hijo durante esas fases tempranas de aprendizaje, aprendiendo de él, no de libros, acerca de su autismo. Pero por todas esas veces que me regañaba a mi misma sin piedad, había un maestro al otro lado del teléfono diciendo: "Nos pasa a todos, Ellen. Como padres y profesores. Él te perdonará si tú te perdonas a tí misma."

Bryce y yo aprendimos a empujar los límites de nuestra resiliencia y aprendimos el uno de la otra. Para él era una poderosa herramienta de aprendizaje para que yo reconociese libremente mis errores. Nadie es infalible y cada vez más me parecía extraño que exigimos que los niños respeten la autoridad sin considerar que ellos podrían respetarnos más si fuésemos honestos acerca de nuestra humanidad, dejar de considerar ese respeto como un derecho, pero exigir de nosotros mismos ganarnos el respeto del niño todos los días. Nunca he dudado (y todavía sigo sin hacerlo) en disculparme ante mis hijos cuando me he equivocado. Bien sea porque juzgué mal, fui descuidada, no tenía la información correcta o sencillamente tenía que haber sabido mejor, era y sigue siendo más significativo para ellos si yo les adentro en el círculo de aprendizaje vital donde podemos acercarnos a los errores con curiosidad en vez de auto-flagelación y decir: "¡Vaya! Eso no funcionó. ¿Me pregunto qué podríamos intentar la próxima vez?" o "Aprendimos algo de eso, ¿verdad? La próxima vez sabremos hacerlo mejor."

Nuestro alumno autista depende de nosotros, los adultos en su vida, para aprender de él también. Leer los mensajes en mi correo puede ser conmovedor. Los padres me dicen lo mucho que tienen que compartir con los educadores de su hijo acerca de su autismo, sí sólo los educadores escucharan y respetaran la sabiduría

> **Aprendizaje circular es *esforzarse en aflorar algo en cada aprendiz*. Ese aprendiz no es sólo el alumno, eres tú y yo y todas las personas con las que van a interactuar.**

de los padres que nace de la experiencia. Los educadores se lamentan de los padres que resisten, rechazan, no creen y niegan sus observaciones profesionales y sugerencias, incluso las que provienen de la experiencia con el niño durante la jornada académica.

El aprendizaje circular nos reta a dejar de lado nuestros egos, conceptos previos y perspectivas grabadas a fuego para volvernos centrados en el niño en nuestro enfoque, abrazar el proceso tanto como el resultado y tener el valor y la seguridad de salirnos de las vías, para viajar por un camino secundario lleno de baches voluntariamente. Nos obliga a El aprendizaje circular es *esforzarse en aflorar algo en cada aprendiz*. Ese aprendiz no es sólo el alumno, eres tú y yo y todas las personas con las que van a interactuar.

Desde el Primer Día, yo acepté que iba a tener que ser una compañera plena y aprendiz acompañante en la educación de Bryce. Sabía de manera intuitiva que mi misión era prepararle para poder vivir lo máximo posible como un adulto capaz e independiente. Y sin embargo, cuando un niño es tan pequeño y los obstáculos que arroja el autismo parecen tan amenazadores, es comprensible que nos aferremos a los salvavidas que se cruzan en nuestro camino en forma de maestros sabios y eficaces. Una persona de esta clase era Nola Shirley, una de las primeras educadoras de Bryce. Más de una docente refería a ella como Obradora de Milagros y sabremos más acerca de su secreto para el éxito más adelante en el libro. De momento, entramos en su círculo de aprendizaje en la parada de padres-como-aprendices.

Más allá de limitarse a enseñar sólo a Bryce, desempeñó un papel principal en enseñarme a mí, una madre, acerca de la independencia también. Ella había visto a Bryce durante tres años de educación temprana antes de juzgar, a regañadientes, que él se había vuelto demasiado dependiente de ella y era el momento de dar un paso a un lado. De manera retrospectiva me veo obligada a preguntarme si era Bryce el que se había vuelto demasiado dependiente de ella… o era yo. Todavía puedo sentir el vuelco de mi estómago cuando al final de su último año juntos, abrí la nota que decía: "Qué año más maravilloso hemos tenido. No seguiré trabajando con Bryce en el siguiente curso. Espero que la amistad que hemos forjado durante estos años pueda durar toda la vida." Luego más tarde me dijo que ella sabía que era el momento de dar un paso al lado cuando se dio cuenta de que él la buscaba de forma automática, incluso para tareas en las que él estaba capacitado.

En este sentido, está claro que Bryce era más enseñable que yo. Él avanzó para volverse cada vez más independiente mientras que yo, durante más de una década después de nuestro primer saludo, seguía acudiendo a Nola para buscar respuestas, especialmente cuando ya sabía la respuesta pero no me gustaba. Ella fue mi educadora también, durante el resto de su vida. Un año se sentó a mi lado en una fiesta de cumpleaños muy especial, la mía, en la que las anfitrionas eran la Profesora Christine, Profesora Veda y otros amigos de ese primer equipo de preescolar. Nadie de nosotros podía imaginar que no pudiéramos haber pasado la década precedente sin el intercambio de percepciones, experiencias, y apoyo que viajó en nuestro bucle continuo. "Nosotras también te necesitamos", me había dicho Veda. "Cuando los niños nos dejan y avanzan, casi nunca volvemos a saber de los padres, no sabemos qué pasará con el niño, como lo hicimos, si lo que hacemos funciona, o qué podríamos haber hecho mejor."

La película de Disney *Pocahontas* de manera elocuente nos hace ver lo importante que es el aprendizaje circular en la canción popular "Los Colores del Viento." Pocahontas le dice a John Smith: "Estamos todos conectados en un círculo… que nunca acaba." Ella le regaña por no ser capaz de valorar a las personas que "no piensan como tú."

> Pero si sigues las huellas de un extraño,
> Aprenderás cosas que nunca supiste que no sabías.

Si como maestros vamos a sentirnos alguna vez cómodos y seguros con el autismo, reconocer el maestro que hay dentro de cada uno de nuestros alumnos es los cimientos de cualquier éxito que vayamos a lograr. Habla de confianza, respeto y el valor de cada individuo, piedras angulares sin las cuales un aprendizaje significativo no puede florecer. El primer paso por ese camino es la maravillosa aceptación empoderadora del hecho de que cada momento es un momento de enseñanza y aprendizaje, a veces sólo por *ser* tanto como por *hacer*, y que todos somos maestros tanto como alumnos. Es una invitación a una asociación dinámica y para crear esferas multidimensionales de aprendizaje para todos nosotros pero especialmente para nuestros alumnos autistas.

Entra en el círculo. Cuentan contigo. Quieren que tengas éxito.

Capítulo dos

Somos un equipo

El éxito depende de que todos trabajemos juntos

Al igual que se necesita un pueblo para criar a un niño, se necesita un equipo para educar a un niño con autismo. Y, al igual que lo hace la naturaleza, la educación debería aborrecer un vacío. Los profesores no enseñan en el vacío, los padres no crían a sus hijos en un vacío, los niños no se desarrollan de manera significativa en un vacío. Tanto más un niño autista, cuyos muchos desafíos sociales, sensoriales y de comunicación pueden hacer que ese vacío parezca un lugar muy cómodo. Son esenciales buenas dinámicas de equipo si vamos a tener éxito con nuestro alumno a lo largo de sus años escolares hasta llegar a la edad adulta de una manera significativa.

Al comienzo de nuestra odisea, tuve la experiencia dolorosa pero oportuna de ver un trabajo en equipo pobre en acción. Bryce había sido ubicado en un aula de preescolar de intervención temprana en el colegio de nuestro distrito. Niños con diversas dificultades de comunicación social (autismo, síndrome de Asperger, TDAH, lesión cerebral) conformaban la mitad de la clase, niños del vecindario completaban el grupo. El que esta clase que abarcaba toda la región estuviera en nuestro colegio de distrito era algo fortuito, nos daría una visión de cómo sería el colegio para Bryce cuando llegara a la edad de preescolar al año siguiente.

Salí por la puerta metafórica de ese colegio en el momento en que me enteré de que una profesora de primaria le había preguntado a uno de los educadores de mi hijo con sarcasmo: "¿Y qué es lo que pretendes lograr exactamente con estos niños?" Incluso aunque sólo fuera esa única empleada del colegio la que estaba emanando esa clase de toxicidades, y pensé que era poco probable que fuera la única, aún así significaba que todas las personas de su entorno estaba recibiéndolas. Contemplé el resto del colegio. Vi un director cansado a punto de jubilarse. Vi un grupo de profesores con poca moral, clases de primaria con treinta y dos niños, problemas endémicos de comportamiento que no se estaban atendiendo. Mi búsqueda de un entorno más saludable había empezado.

Acabamos en el colegio de Capital Hill, cuya cultura reflejaba, de manera brillante, el valor y la importancia de todas las personas aprendiendo. El director llenaba aulas vacías con programas de necesidades especiales para preescolar. El colegio no tenía un equipo de fútbol ni una orquesta y en vez de eso usaba sus fondos para contratar un especialista de desarrollo a tiempo completo que aportaba todo desde consejo individual a pequeñas sesiones grupales y lecciones a aulas completas sobre dinámicas sociales. El centro de recursos/aprendizaje estaba en el centro del colegio, no en algún rincón escondido, y había tantos niños aquí para ser ayudados que nunca había estigma. El colegio anunciaba rotundamente su estatus de intolerancia hacia los malos tratos y lidiaba con incidencias desagradables de cualquier clase de manera rápida y firme. El colegio reverberaba con el espíritu de trabajo en equipo.

Bryce asistió a Capitol Hill durante siete años. Recibió servicios a medida que los iba necesitando con cada año que pasaba. Sus profesores le querían muchísimo y el director le defendía ferozmente cuando hacía falta.

Avanzó grácilmente, empezando cada año con prácticamente ninguna regresión y con el entusiasmo nacido del confort de lo conocido. Con la finura de un equipo olímpico de relevos, él fue trasladado de curso en curso por profesores que entendían la importancia de compartir sus percepciones. Todo el entusiasmo mútuo era contagioso y producía grandes resultados.

Como adultos, tenemos que estar atentos de no desviarnos demasiado de esa definición en el espejo del cuarto de baño de un "equipo" como grupo de personas cuyo éxito en su tarea compartida exige interdependencia de esfuerzos. Dejarnos desviarnos más allá de planear pasos sólidos y estrategias a la política, los choques de personalidades, el señalar con el dedo, lo de él/ella dijo, la suposición preconcebida e inmóvil ante el estereotipo irresistible y sin sustancia, nada de esto es buena dinámica de equipo. Tu alumno necesita un equipo de disciplina múltiple que sea eficaz.

En nuestro círculo de aprendizaje en constante evolución, los componentes de la dinámica de equipo son sencillos:

- Las acciones que mostramos de unos a otros

- Las actitudes que mostramos de unos a otros

Estos componentes vienen en tres sabores: productivo, indiferente o venenoso. Cada uno de nosotros tiene el poder de elegir entre estos tres. Para nuestros alumnos autistas y sus profesores, sean padres o educadores, elegir ser un jugador de equipo productivo es una decisión crítica para el niño.

¿Qué son dinámicas de equipo productivas? Buenas dinámicas de equipo son un conjunto de reglas básicas que todas las partes abrazan porque saben que el todo es más que la suma de las partes. Si esto no fuera cierto, podríamos crear un ser humano a base de mezclar treinta y cinco litros de agua, veinte kilos de carbón y cuatro litros de amoniaco con las cantidades adecuadas de cal, fósforo, sal, azufre, hierro, sílice y un puñado de otros elementos traza. Pero claro, eso no crearía una persona, sólo crearía un pantano, porque la suma de las partes no logra el todo. También es necesaria un poco de magia bioquímica.

Dinámicas de equipo productivas

Reunir el equipo. Prácticamente cada equipo de Programa de Educación Individualizada, u otro tipo de equipo educativo que yo haya visto, el mío y otros, logró el éxito o falló en base a su líder de equipo o la ausencia de un líder claramente definido. Un equipo productivo tendrá en su núcleo, un "protón", un líder con una carga positiva que fija el tono, establece y mantiene la corriente subyacente que guía las interacciones del equipo y crea las fórmulas y procesos que ofrecen las mejores oportunidades de éxito. Definir quién está en el equipo o quién necesita ser añadido o descartado en el equipo (no encaja bien con el niño o sus servicios ya no son necesarios), tiene que ser el primer paso. En muchos casos, los miembros del equipo pueden ser designados por el PEI u otro documento formal. Pero si ese no es el caso, un buen equipo base para empezar para la mayoría de los niños autistas consistiría en los padres o cuidadores, el profesor de aula, el educador especial, y debido a que muchos niños autistas lo necesitan, un terapeuta ocupacional para los temas sensoriales y comunicación social, y un especialista en habla/lenguaje. El equipo puede crecer a partir de ahí y la composición del equipo irá cambiando y evolucionando a medida que lo hace el niño.

Comunicación, comunicación, comunicación. Al igual que ubicación, ubicación, ubicación lo es todo en el mundo inmobiliario, la comunicación lo es todo en el trabajo en equipo.

- Entre el hogar y el colegio.

  - A diario: No se puede recalcar más el valor de la comunicación entre el hogar y el colegio, a diario si es posible. Mucho tiempo pasa entre las 3 de la tarde y las 8 de la mañana, aparte de los fines de semana, días de fiesta, días de nevadas y otros eventos que quiebran la rutina. Muchas cosas pueden pasar en esas horas que tengan un impacto en el día escolar del alumno. Es mucho tiempo desde las 8 de la mañana hasta las 3 de la tarde para un padre o cuidador también. ¿Qué hace el niño todo el día? Cuando llegan a casa están exhaustos y no quieren o no pueden conversar. Comunicaciones regulares entre la casa y el colegio mejoran la habilidad de los miembros del equipo en apoyar los esfuerzos de cada miembro y dan consistencia a la rutina del niño que alisa las transiciones diarias. Puede evitar algunos problemas, atajar otros y celebrar logros en ambos encuadres. Comunica al niño que todos estamos en el mismo equipo.

    Las comunicaciones a diario no tienen que consumir mucho tiempo. Puede ser tan sencillo como un esquema o un correo electrónico con o sin comentarios adicionales. Un cuaderno que viaja de casa al colegio cada día con el alumno puede ser una opción viable para familias sin acceso fácil a la tecnología. Lo importante es reconocerlo como la pizca de esfuerzo que ahorra montones de dudas, reacciones a la defensiva o sencillamente desconocimiento.

  - En suma: Padres, un amigo mío profesor me pidió que no me olvidara de decirte: "No supongas que lo sé todo acerca de tu niño. Puede ser posible que sólo tenga la información académica del curso pasado y quizás nada de información personal. Sé un recurso para nosotros, un puente entre programas."

Profesores, sabéis que muchos niños no autistas no aportan a sus padres mucha información sobre su día escolar. Para tus alumnos con autismo, esto se magnifica debido a su dificultad con la verbalización, secuenciado, generalizaciones y recuperación, sin olvidar el cansancio que sienten después de un día entero de esfuerzos por "controlarlo todo", luchando contra desafíos sensoriales y sociales además de una interminable lista de expectaciones que pueden entender o no y pueden cumplir o no. No hagas que sus padres o cuidadores te tengan que rogar que les informes.

- Entre miembros del equipo en el colegio: Los miembros productivos de un equipo reconocen que la información compartida y el intercambio de ideas es lo que hace que funcione la necesaria división del trabajo. También comunica de manera más amplia esos mismos descubrimientos y preocupaciones compartidas entre el hogar y el colegio.

Reconocer a la clase entera como un equipo o comunidad, trabajando como un todo hacia la inclusión. "Así es como funciona la sociedad de manera exitosa," afirma la profesora de colegio de primaria Roneete Lyhnas, que se describe a sí misma como "una gran defensora y promotora de la 'comunidad del aula'. No debería haber una razón por la cual los alumnos y los profesores por igual no compartan la responsabilidad por incluir a todos los aprendices." Saber cómo trabajar como miembro de una comunidad es tan crucial como habilidad de vida que cualquier cosa que venga en un libro.

Promocionar un ciclo de estímulo y premio, no sólo de profesor a alumno sino de alumno a alumno y profesor a profesor. Inculcar la idea de asumir la responsabilidad por uno mismo debería ser el primer paso, no la meta final. "La vida nos premia por actuar de manera responsable," agrega Lynas, "pero nos beneficiamos más y de manera más completa cuando actuamos de manera colaboradora." El equipo de la clase que de manera conjunta cosecha un premio o una consecuencia aprende una lección que llevarán al lugar de trabajo, relaciones interpersonales y vida cívica en general como adultos: que tienen el poder para crear el entorno más exitoso si trabajan en equipo.

Concederse una "tabula rasa". Es posible que los padres hayan tenido malas experiencias con profesores anteriores o colegios, pero proyectar conflictos del pasado o temas anteriores en un profesor nuevo, "llegar con las pistolas cargadas antes de conocerme a mí o mi programa siquiera," como lo dijo alguien, es contraproducente. *Esto es lo que pasó en el pasado y espero lo mismo de tí,* Fija un escenario peligroso tanto para los profesores como para los padres. Profesores, vuestra experiencia previa con alumnos de TEA y sus padres/cuidadores que haya sido frustrante o exitoso, puede que tenga poca relevancia con tu alumno actual.

> La vida nos premia por actuar de forma responsable, pero nos beneficiamos más completamente cuando actuamos de forma colaboradora.

Un entendimiento de que el equipo no es inmóvil. El equipo debe y tiene que evolucionar a medida que crece el niño y cambia. Escucha con toda la objetividad posible cuando un miembro del equipo dice que algo no funciona. Cuando se hace la transición a un nuevo encuadre, miembro nuevo o enfoque parece ser necesario, deja que pase con los ánimos de desear el bien común para el niño. Evalúa de manera lo más neutral posible: si el niño está haciendo demasiados esfuerzos en la ubicación o situación actual, es el momento de buscar un entorno mejor.

Los ojos puestos en el objetivo. El equipo reconoce que la tarea de los padres/cuidadores y educadores es preparar a esta persona joven para llevar una vida significativa como adulto en la cual su éxito dependerá mucho más de cosas que no son puntuaciones de tests y transcripciones. Incluso ante los requisitos aplastantes de hoy en día para pruebas de tests, Roneete Lynas nos anima a "recordarnos que los alumnos no están bajo nuestras instrucciones para convertirse en pequeños expertos regurgitando información. Más bien es que están bajo nuestra custodia para ser guiados durante el año. Están haciendo prácticas para la vida real, durante todo el curso escolar, hasta que llega el siguiente curso con sus nuevas expectativas."

Dinámica de equipo indiferente

"No es mi trabajo." Una actitud en la que el alumno con necesidades especiales es la responsabilidad de otra persona, es la marca típica de un equipo con dinámica indiferente. Es la profesora de clase que dice "Tengo otros treinta alumnos en la clase. Él es la responsabilidad del profesor de recursos (o el paraeducator)." Es el padre que dice: "Yo le doy de comer y le visto. Tú eres el colegio, así que enséñale."

Los equipos buenos se pueden resquebrajar pronto cuando los miembros dependen, de manera consciente o por descuido benigno, en una tercera persona que se encargue de hacer el trabajo duro. Un equipo eficaz se mantiene fuerte cuando todos los miembros contribuyen información aplicable y pertinente sobre el niño individual y el estado de los conocimientos actuales, investigación y actitudes sobre la discapacidad. Este compartir la responsabilidad y las percepciones es la única manera sensata de que todo el mundo se mantenga al día según se precise en un campo como el autismo, en el cual el conocimiento, la comprensión, identificación e integración van en aumento veloz y ascendente.

Aceptar lo mínimo. Es cuando el director del colegio dice: "Habla ¿no? ¿Para qué necesita terapia del habla?" Es el equipo que dice: "Entendemos lo que es el TEA y nuestros alumnos hacen progresos. No necesitamos más preparación." Es el profesor o padre que supone que si el niño no es perturbador en la clase, no debe haber ningún problema, así que, ¿para qué tomarse el tiempo y el esfuerzo por hacerle un perfil sensorial? O el monitor del recreo que ve a un alumno con autismo que se queda solo en el recreo y piensa que seguramente está eligiendo no unirse a sus compañeros, así que no hay necesidad de facilitación social.

El hecho de que la rueda no chirríe no significa que gira bien. Saber que un niño tiene autismo debe ser suficiente como para alertar nuestra curiosidad acerca de comportamientos y reacciones que no son típicas, incluso y especialmente cuando esas conductas y reacciones no son perturbadoras. Con demasiada frecuencia, esta es la niña que se nos escapa, su discapacidad aparentemente invisible ya que las claves a la vista se malinterpretan o no se ven, y ella nunca recibe los servicios de comunicación social y sensorial que son tan críticos para su superación en general y a los que tiene derecho.

La complacencia es un mal. Nueva información, nuevos pensamientos sobre cómo educar a alumnos con TEA, viene en un río constante, con mucha percepción de valor incalculable ahora desde adultos autistas que describen sus experiencias como alumnos. Está ahí y listo para los equipos que quieran trabajar mejor, más inteligente-mente y de manera más eficaz con el niño autista.

Elegir reacción en vez de elegir proactivo. Responder a problemas sólo cuando surgen en lugar de anticiparse y prevenirlos finalmente reduce los resultados tanto para tí como para tu alumno y es una manera verdaderamente ineficaz del uso de tu tiempo como docente y el tiempo de ella como alumna. Considera la diferencia entre *sobrevivir y prosperar*. Si, a veces lo único que podemos hacer es sobrevivir el momento o la situación. Si, yo he respondido al tópico "¡No te rindas nunca!" con "suelta o te arrastro." Ocurre. Pero la mayoría de nosotros queremos recordar nuestras carreras como profesionales o padres como luchadores por ver que el niño a nuestro cuidado prospera.

Permitir cualquier cosa menos cero tolerancia al bullying o la provocación. Una buena dinámica de equipo exige que todos los miembros del equipo se guíen múutuamente hacia conductas adecuadas modelando interacciones sanas. "Alumnos "típicos" a menudo, si se les permite, rechazan al niño que se relaciona o interactúa de forma diferente", dice Roneete Lynas. "Es crítico que el profesor valide a la clase entera cada intento que el alumno autista hace para relacionarse a su manera, colocando el énfasis en lo que el alumno puede hacer en lugar de lo que no puede hacer. Introduce la realidad a la clase como totalidad que todas las personas no actúan de manera similar y es importante aceptar las diferencias."

"Esta es la manera en que lo hacemos siempre." *Siempre* y *nunca* son absolutos. Sólo se necesita una excepción para negar un siempre o un nunca, y esa excepción a menudo es el niño autista. Incluso el respetable recurso de "mejores prácticas" tiene que ser examinado a la luz de cada niño único autista. Las mejores prácticas sólo son prácticas mediocres si se aplican de manera obstinada a todos los alumnos; cualquier cosa que hoy es una buena práctica (o "basado en evidencia") empezó con la observación de alguien acerca de algo no estandarizado. Las "mejores prácticas," no son las mejores si se ejecutan de manera pobre (sin tener en cuenta detalles tales como en qué entorno, durante cuánto tiempo, quién la administra y cómo se evalúan los resultados) o si todo el mundo las hace y sin prestar atención a los niños que caen fuera de las mismas.

La naturaleza del espectro del autismo niega automáticamente la idea de que puede haber un programa de una talla para todos o mentalidad de enseñar a niños con TEA. Sí, enseñar alumnos con TEA puede ser una medida más desafiante que enseñar niños en desarrollo no autistas. Los resultados adecuados están en entredicho. Cuando tu alumno es joven, puede parecer que hay todo el tiempo del mundo para trabajar hacia esos resultados, y de hecho puede que haya varios miles de días llenos de oportunidades de aprendizaje todavía en sus años escolares, pero desde el punto de vista del padre o la madre, los momentos de la verdad llegan demasiado pronto.

Esta Historia de Dos Profesores ocurrió en los últimos años de instituto de mi hijo mayor Connor. Alumno con TDAH, nunca dejó de producir deberes escolares superiores a la media en proyectos y en clase. Los tests eran otra cosa, sus resultados a menudo dejaban de capturar con precisión lo mucho que sabía. Trabajando con un especialista educativo externo durante su primer año, fuimos capaces de documentar cómo su cerebro almacenaba y recuperaba información de manera distinta a lo que exigía una prueba escolar típica. Debido a que Connor no cumplía requisitos para un PEI, el orientador del colegio nos aconsejó trabajar alternativas con cada profesor individual. Y así descubrimos lo grande que puede ser la gama de esfuerzo y actitud entre profesores y su disposición por acoger un aprendiz no estandarizado. Uno estuvo de acuerdo en considerar sus deberes escolares con más peso que los tests. Otro ofreció más créditos por proyectos para superar el hueco. Uno estaba dispuesto a hacer pruebas orales. Algunos no respondían. Dos eran directamente beligerantes. Al final se redujo a un micro-cosmos de dos profesoras. Me reuní con la primera para explorar qué maneras de examinar estaba dispuesta a hacer por las diferencias en aprendizaje de él. La respuesta era: "Nula. Si quiere ir a la Universidad tendrá que aprender a hacer un exámen". Sacó un aprobado básico en esa clase, y ese era el final de su carrera en esa materia.

La segunda profesora, sólo con cuatro años de experiencia, cumplió con mi petición de un acomodo para los exámenes con gusto. "Lo que necesite es lo que vamos a hacer," dijo ella. "No veo razón por la que no pueda tener éxito en mi clase. Y nos vamos a divertir también." Y eso es exactamente lo que pasó. Él voló, eligió seguir la materia en la Universidad y más tarde fue capaz de usar esos conocimientos en su lugar de trabajo.

La indiferencia marcará la diferencia. Pero no es la clase que queremos ninguno de nosotros.

Dinámicas de equipo venenosas

Combatir la mentalidad: el freno número uno ante la construcción exitosa de equipo. Maestro o padre, una actitud combativa impide nuestra habilidad de lograr progresos con un alumno autista. "Nuestra relación debe ser una alianza, no un encontronazo con un adversario," dice un educador especial de primaria. "Todos trabajamos en la misma dirección. Nuestro objetivo común es el niño. Nunca debe ser un asunto de yo contra tí o si nos caemos bien o no."

El juego de las culpabilidades: socavarnos unos a otros socava el aprendizaje del alumno. Aquí encontramos un fascinante punto-contrapunto. Los maestros quieren que los padres sepan: comunicarle a tu hijo que todo lo que va al en el colegio es culpa del colegio socava la habilidad de tu hijo en confiar en mí, cumplir con los límites escolares necesarios y, en últimas instancias, aprender. Los padres quieren que los maestros sepan: la conducta que me estás describiendo es totalmente inconsistente con lo que yo veo en casa y por lo tanto, difícil de creer. ¿Cómo sé yo que este comportamiento no es la reacción de mi hijo ante la crueldad o incompetencia de alguien?

Oh, qué línea más peliaguda.

Nunca debemos colocar al niño en el centro de este tira y afloja. Sea cual sea la situación, no puede ser siempre la culpa de uno o la culpa del otro. El profesor y el padre deben dar un paso atrás y escucharse el uno al otro con toda la objetividad posible cuando se encuentran ante información que hace subir sus niveles emocionales. Entender lo común que es que los niños exhiben patrones de conducta distintos en el colegio que en casa y vice-versa. Y aunque tu primera reacción puede ser natural y comprensiblemente defensiva, debes saber que la mayoría de las veces no tienes que ofrecer una respuesta inmediata. Está bien decir: "Esto es información nueva para mí. Necesito pensar en ello y luego me pondré en contacto contigo."

Incapacidad de distinguir entre asertivo y agresivo. La diferencia entre ser asertivo y agresivo es a menudo el elemento de la ira, y la ira siempre nos cobra un precio en confianza y nos cuesta información potencialmente vital.

Los profesores aprecian a los padres que son defensores con conocimiento y eficacia de sus hijos, firmes pero respetuosos. Eso es muy distinto a enarbolar un puño. Un profesor de recursos en primaria dice: "En un mundo ideal, yo quiero compartir con el padre cualquier información o perspectiva o conocimiento informal que tengo sobre el sistema y cómo podrían navegar en él para beneficio de su hijo. Pero si percibo de alguna manera que el padre usará esa información de una manera que llegue a mí o amenace mi puesto de trabajo, es sólo natural que no comparta."

Esto va en ambas direcciones. Hay padres que me han dicho: "Veo profesores que se obcecan en aferrarse a métodos que afirman han funcionado con otros niños, métodos que yo sé por experiencia que no funcionan con mi hijo. Yo les podría ahorrar mucho tiempo y esfuerzo perdido en vano, pero si percibo de alguna manera que el colegio usará mi información para intentar recortar servicios futuros, no tengo otra opción que la de permanecer callado. Mientras tanto, mi niño no realiza progresos a la velocidad que podría hacerlo de otra manera."

Un profesor de sexto curso de primaria está de acuerdo, lamentando el coste en tiempo de aprendizaje perdido: "El tiempo gastado en preocupaciones de procedimiento se traduce en menos tiempo para enseñar. Los padres combativos significa que tengo que gastar tiempo adicional anticipándome a confrontaciones, documentando mi trabajo más allá de lo normal, cubrirme las espaldas en realidad, en lugar de dedicarme a actividades que benefician directamente al alumno: enseñar, preparar, investigar, preparar lecciones, lectura profesional."

Esto también va en ambas direcciones: "No me atrevo a pensar en las horas que gasto en llamadas telefónicas, cartas y reuniones intentando conseguir que nuestro colegio desafiante cumpla con los requisitos del Programa Educativo Individualizado," dice una madre. "Eso es tiempo que yo podría estar gastando leyendo con mi hija, ayudándole con los deberes, dibujo, jugando o hablando con ella, cualquiera de los cuales sería más beneficioso para todos nosotros."

Beneficioso para todos nosotros. Eso lo resume todo, ¿no? Los grandes equipos no suceden de cualquier manera; están meditadamente construidos. Me gusta pensar que son como un tapiz enterrado bajo el cual nosotros como aprendices de por vida y maestros, somos los hilos. Mira el dorso de cualquier tapiz y verás numerosos colores, cientos de hilos de toda longitud, muchos de sus comienzos otros hilos y sus flecos colgando, cortados a su tamaño. Todos estamos en esto juntos, padres y cuidadores, remando en mareas de programas, tratamientos e instructores. Maestros lanzados a un mar de niños que vienen y van con la marea anual. Y el niño mismo, el que está realmente cabalgando la cresta de la ola no sólo del autismo, no sólo condiciones médicas o económicas, sino muchos de los aspectos típicos del desarrollo infantil.

Sí, el dorso de este tapiz parece un lío desorganizado. Pero dale la vuelta a la cara delantera y el caos desaparece. Es una obra bella, cada puntada individual, sin embargo absolutamente necesaria para el conjunto. Mucho más que la suma de sus hilos, el Tapiz de Equipo crea una obra de arte.

Capítulo Tres

Pienso de manera diferente

Enséñame de manera significativa para mi

Mis hijos "millenial" no saben si estar divertidos u horrorizados sobre cómo sus padres crecieron en una época en la que no existían los CDs, los móviles, ordenadores, el "streaming" y comunicaciones instantáneas. En esa época, cuando yo compré mi primer ordenador, la gente tenía que tener un Apple MacIntosh o un IBM como ordenador. Los Mac y los PC no sólo no se hablaban, no "pensaban" de forma similar.

Tu alumno autista es como esos Mac tempranos en un entorno dominado por los PC. Su cableado es distinto. No es incorrecto, ni raro, ni poco natural, sólo es diferente.

Los Mac y los PC no podían comunicarse entre sí porque sus sistemas operativos no eran compatibles. Todo en la arquitectura y estructura de comandos del Mac era distinto a los del PC.

Si has sido un usuario de por vida de un sistema operativo en concreto, y te consideras bastante competente con un ordenador puede que no conozcas lo raro que se siente uno intentando navegar en un sistema poco conocido. Yo me enteré de eso. Durante el curso de tercero de Bryce con Jackie, yo me ofrecí como voluntaria para un proyecto que duraría todo el curso que consistía en copiar algunos de los textos de los niños a ordenador. Yo había pensado en hacerlo en casa en mis horas libres con mi PC. Luego me dijeron que no se podía hacer el trabajo en PC en casa; había que hacerlo en Mac, en la clase.

Te ahorraré los detalles sobre la curva de aprendizaje que nunca conquisté. Semana tras semana, yo pensé que había aprendido lo suficiente del sistema operativo del Mac para hacer el proyecto, sólo para encontrarme ante nuevos obstáculos de lenguaje y comandos. El proyecto que yo había pensado que iba a ser algo agradable se convirtió en un ejercicio de tensión de ansiedad. ¿Por qué? Porque quince años de machacar en un PC a diario me había grabado el sistema operativo de Windows tan profundamente en mi cerebro que me vi totalmente cegada sobre lo difícil que es dejar de lado, aunque sólo fuese temporalmente, ese sistema y aprender a inter-actuar con un sistema que "pensaba" de forma diferente. Mi propia velocidad de procesado se ralentizó a la nada casi.

Bienvenido a la vida como estudiante con autismo, cuya arquitectura cerebral y sistema operativo básico son distintos a las de la mayoría de las personas que no son del espectro autista. Los Mac y los PC aparecieron en los años ochenta. Los temas de compatibilidad entre los dos no se resolvieron hasta comienzos de los años 2.000. Tu alumno no tiene veinte años, y por suerte, de camino, los Mac y los PC han evolucionado hasta el punto en que sus diferencias no son tan grandes como antes. Sin embargo, la cuestión aquí es, ¿nos hemos vuelto más flexibles en nuestro propio pensamiento para poder apreciar el valor que aportan los dos tipos de cerebro?

Aprender a relacionarnos con las maneras distintas en que el cerebro autista procesa el mundo que le rodea, puede ser un desafío porque tenemos que estar dispuestos a salirnos de la llamada "normalidad". Esta división se nota más en el área de procesado social y comunicación social.

En conjunto, somos una sociedad social. La mayoría de nosotros aprende y procesa la información social y del entorno de manera similar. En todas las corrientes de vida, nuestros patrones de pensamiento no autista se comparten y refuerzan de manera natural. Los adultos presuponen que los niños aprenderán a ser "sociales" en un desarrollo "normal". Esperamos que este conocimiento social nazca, florezca y crezca en nuestros niños, generalmente sin que nosotros lo emparejemos con mucha enseñanza en concreto. Para poder entender una manera fundamentalmente distinta de procesamiento cerebral exige que dejes de lado todo lo que sabes y vayas a un lugar que ni siquiera sabías que existía.

> **Para poder entender una manera fundamentalmente distinta de procesamiento cerebral exige que dejes de lado todo lo que sabes y vayas a un lugar que ni siquiera sabías que existía. Eso requiere valor.**

Para poder entender una manera fundamentalmente distinta de procesamiento cerebral exige que dejes de lado todo lo que sabes y vayas a un lugar que ni siquiera sabías que existía. Eso requiere valor.

Eso requiere valor. Pero allí es donde tenemos que ir si nuestra meta como docentes es ser eficaz con nuestros alumnos autistas.

Emprender esto comienza con una distinción crítica: este cerebro con cableado diferente no tiene nada que ver con el deseo de aprender de tu alumno. Algunos alumnos tienen cerebros cuyo cableado les hace capaces de desarrollar el entorno para tomar perspectiva, mientras que otros no. Dentro de sus parámetros individuales, la mayoría puede mejorar, y nunca sabremos las habilidades completas de un alumno a menos que establezcamos una comunicación a través de la arquitectura que tiene. El Mac de Apple en el curso de tercero de Bryce no era incompetente ni era un desafío. El ordenador no falló; yo fallé. Yo fracasé en el intento de comprender su sistema operativo, fracasé en introducir datos en un formato que pudiera procesar. Debemos dejar de lado para siempre la idea de que nuestro alumno con autismo "podría tener mejores resultados si sólo se esforzara más." El psicólogo infantil Ross W. Green, PhD, autor de *The Explosive Child* y *Lost at School*, promociona la idea ampliamente consensuada de que "los niños van bien si pueden," queriendo decir que cuando tienen las habilidades para procesar lo que sucede a su alrededor y responden de manera socialmente esperada y se comunican de manera adaptativa, lo hacen. Cuando no se les enseñan esas habilidades, no pueden.

También debes descartar la idea de que lo único que necesitas hacer es "esforzarte más". Si no estamos esforzándonos a través de canales compatibles, podemos esforzarnos hasta llorar y sólo será una demostración de la definición consabida de la locura: hacer lo mismo una y otra vez esperando un resultado diferente. Tenemos que intentar ser más listos y más empáticos e intentar, a través de una lente alternativa, a través de la modalidad de aprendizaje del propio niño.

Esta diferencia de arquitectura tiene un impacto en el pensamiento crítico (clasificación, comparación, aplicación), gestión ejecutiva (atención, planificación y funciones de la memoria) y pragmática social (toma de perspectiva). Estas habilidades faltan en gran parte del cableado de muchos alumnos autistas. Pero con una instrucción compasiva y pertinaz, muchos niños con autismo pueden y si amplían su competencia social, mejoran sus funciones ejecutivas y logran un grado functional de flexibilidad en el pensamiento y la conversación (en cuanto atañe a su propio punto de partida, no en comparación con la de compañeros o hermanos). La meta es que el niño pueda ser capaz de observar y calibrar el mundo que le rodea de una manera en que pueda solucionar problemas, entender el "por qué" detrás de nuestras conductas sociales, y ser capaces de interactuar de manera que pueda lograr sus metas sociales.

Libros tales como el del Dr. Temple Grandin y Sean Barron *Unwritten Rules of Social Relationships* o las percepciones anecdóticas de la autora Jennifer McIlwee Myers relatadas más adelante en este libro, ofrecen relatos esclarecedores de cómo los niños de espectro autista tienen que navegar en el mundo no autista. Para algunas personas, el enfoque será lógico en extremo, quizás hasta el punto de parecer frío. Para otros, su viaje estará repleto de turbulencias emocionales mientras intentan valientemente encajar en la sociedad.

Mientras carecen inherentemente de la comprensión de cómo hacerlo. No hay dos niños autistas iguales, pero todos sus relatos tienen en común algo: profesores individuales tuvieron el poder de ayudar o quebrar su voluntad de mantenerse en el curso y lograr sus metas.

Como el pensamiento y procesado es distinto en el autismo

Cada día ofrece numerosas oportunidades para ayudar a nuestros alumnos autistas a que entiendan los patrones de comunicación y relación de nuestra sociedad y enseñarles las habilidades de comunicación funcional y relación que pueden ser tan extraños para el cerebro autista. Siempre debes tener en mente la naturaleza espectro del autismo. Mientras que los rasgos descritos aquí pueden ser característicos, variarán mucho en grado desde leves a profundos.

El ¿Unico? Canal de aprendizaje

Los alumnos con autismo a menudo tienen un cableado de un sólo canal en un mundo polifónico. Es probable que procesen la mayor parte de la información a través del único sistema de inteligencia de aprendizaje que les funciona. En la mayoría de los alumnos con autismo, esto será visual o táctil, o menos común, auditivo. Ellos tienen dificultades para procesar las modalidades sensoriales múltiples que ocurren de manera simultánea. Por ejemplo, pueden escuchar, dedicarse a actividades de movimiento o hablar, pero pueden titubear cuando se les exige procesar más de una de estas tareas a la vez. Puede serles especialmente difícil escuchar y escribir al mismo tiempo (tomar apuntes en clase), o incluso conversar y realizar contacto visual al mismo tiempo, una exigencia común que muchos autistas adultos describen como físicamente doloroso, provocando náuseas o conmocionante o sencillamente raro ("como verse obligado a lamer la base de una pila", según un participante en un estudio de 2017 del National Institutes of Health). La integración sin fisuras entre los sentidos que ocurre en el cerebro no autista, a menudo falta en el cerebro de tu alumno.

Igual de difícil es cambiar entre modalidades (tales como visual a auditivo y de vuelta), y filtrar distracciones sensoriales irrelevantes: poder distinguir la voz del profesor por encima del zumbido de las moscas en la ventana, el camión de la basura que pasa por la calle y la banda de música ensayando en la sala al fondo del pasillo. El procesado de un solo canal conjuntamente con la incapacidad para filtrar puede contribuir a las conductas hiper focalizadas y repetitivas. Constantemente ante un asedio de caos sensorial, se vuelven física y emocionalmente exhaustos. Esas conductas de un sólo enfoque o repetitivas que puedes observar son una técnica auto-reguladora que les calma y apacigua. Es la única manera que conocen para responder y defenderse.

Un millón de piezas a la búsqueda de lo entero

El cerebro no autista va de lo general a lo específico. Tus alumnos con autismo piensan de lo específico a lo general. Considera lo aguda que es esa diferencia. Para ellos, cada parte de la información existe en cajas separadas y discretas en su cerebro. Para nosotros, partes de datos de manera natural y sin esfuerzo se van a categorías y sub-categorías y sub-subcategorías. ¿Tuviste que aprender de manera consciente que los plátanos, manzanas, uvas y sandías forman una categoría que se llama fruta? Apuesto que no, la categoría "fruta" sólo era lo lógico para tí..

Nuestro cerebro organiza la información que absorbemos e incluso lo cruza con otros datos para nosotros. Esto no es así para tu alumno autista. Pensar en categorías es difícil para ellos y eso hay que enseñárselo. Su cerebro es como un gran almacén lleno de pedazos de información sin relacionar. Como su profesor, te corresponde ayudarles a aprender a organizar, etiquetar y asociar toda esa información. Comienza con enseñar al niño a pensar en categorías.

En el niño muy pequeño, las categorías pueden ser pocas y no estar relacionadas. Esta es la razón en parte de por qué tu alumno a menudo responde con respuestas que sólo tienen una vaga relación con la pregunta. Sólo tiene una cantidad limitada de categorías en las cuales introducir esta información nueva, y en su mente, tiene que encajar en alguna. Su habilidad organizativa se desarrollará y ampliará con el tiempo si, a medida que absorbe más información, le enseñamos cómo se introduce en categorías con complejidad cada vez mayor mientras aprende a comparar y contrastar cosas que son tangibles e intangibles (tales como motivaciones e intenciones, nuevamente, el "por qué" de la conducta social). Esas categorías se convierten luego en sub-categorías de otras categorías mayores y así sucesivamente.

Mientras dejas que esta característica de la arquitectura autista te cale, puede que sientas y deberías sentir que es sobrecogedor concebir cada elemento de la información en tu cerebro como existiendo de manera independiente de cualquier otro pensamiento. ¿Cómo sería no tener ninguna habilidad para organizar la información y crear asociaciones? No es de extrañar que tu alumno tenga dificultades en aprender. ¿No las tendrías tú?

La dificultad de tu alumno para categorizar a menudo tiene un primo igual de formidable: una habilidad dañada para generalizar la información. Como ya se ha comentado, para el niño con autismo, cada experiencia nueva puede existir en un vacío. No hay un "completo", ningún paraguas bajo la cual agrupar ideas diferentes o experiencias distintas pero relacionadas. Ellos no generalizan una experiencia nueva relacionándola con experiencias pasadas o conocimientos pasados hasta que se les enseña a hacerlo. Si les enseñas a cruzar la calle con seguridad en la intersección de la Calle Principal y la Calle Smith, aprender eso no se aplica de manera automática a una situación en la que se encuentran en la intersección de la Avenida 23 y la Calle Johnson. Para ellos en su manera de pensar, no es lo mismo.

Enséñales a *categorizar*. Empieza por categorías concretas como colores, prendas de vestir o vehículos y construye hacia categorías menos concretas como función y proximidad, o categorías sociales como sentimientos y expresiones faciales. Explícales por qué un objeto encaja en una categoría o varias pero no en otras. Haz que *comparen y contrasten* semejanzas y diferencias.

Enséñales: a *aplicar conceptos*. Ayúdales a entender que las categorías representan conceptos, que la información puede estar interrelacionada, y que pueden usar lo que saben de situaciones particulares y personas y objetos y usarlo en otros encuadres y situaciones.

Enséñales: a *identificar causa y efecto*. Al igual que sucede con la información, las acciones y reacciones de las personas tampoco existen de manera discreta. Las relaciones pueden verse afectadas por elecciones. Empieza con ejemplos concretos y avanza desde ahí. Si dejas tu coche de juguete afuera en la lluvia, se oxidará. Si le das a Alex un golpe, él no querrá jugar contigo. Si ignoras a Erica, sus sentimientos serán lastimados. Las acciones suscitan reacciones y muchas de las consecuencias de nuestras acciones están dentro de nuestro poder para su control y afectación. Enseña a tu alumno: ¿A que tener ese control es genial?

Necesito verlo para aprenderlo

Muchos de tus alumnos autistas aprenden de manera visual/espacial, piensan en imágenes en vez de palabras. Puede que te digan:

Necesito ver algo para aprenderlo, no sólo oírlo. Las palabras a menudo son como vapor para mí, sé que están ahí, pero se evaporan antes de que tenga una oportunidad para entenderlas. Necesito más tiempo para lidiar con la información que la mayoría de mis compañeros de clase. Las instrucciones o direcciones facilitadas en palabras van y vienen en un instante y no tengo habilidades para procesado instantáneo. Cuando se me presenta de forma visual, puede permanecer delante de mí todo el tiempo que necesito para pensar y entenderlo. De otra manera vivo en la frustración constante de saber que me faltan grandes bloques de lo que estás intentando enseñar, no puedo hacer lo que esperas de mí y estoy inerme para poder hacer nada al respecto.

Aprendizaje por bloques enteros

Tu alumno de espectro autista puede ser un aprendiz tipo gestalt absorbiendo la información por bloques en lugar del proceso de aprendizaje más comúnmente aceptado de manera analítica y paso a paso. Él mira y mira desde un lateral mientras los otros niños aprenden y ejecutan habilidades y tareas que él no puede hacer. Y luego, un día se pone y lo hace. Su desarrollo del lenguaje puede empezar por ecolalia (guiones memorizados o bloques enteros de lenguaje) en lugar de aprendizaje de palabra por palabra.

Procesar la información en pedazos enteros de esta manera compromete la habilidad del niño de asignar significado por inferencia a las partes del todo. Puede que sea capaz de cantar el "Star-Spangled Banner" o "O Canadá"* pero que no tenga concepto de lo que es un himno nacional. Desgraciadamente, la mayoría de los currículos académicos se construyen sobre una estructura de aprendizaje analítica, la antítesis de la enseñanza óptima para un niño con autismo que aprende de manera gestalt. Aunque no se reconoce adecuadamente, el aprendizaje gestalt no es una manera inferior de aprender. Es válida, aceptable es otra manera legítima de aprender.

Una y otra y otra vez

Las conductas de niños autistas se caracterizan a menudo por una selectividad excesiva y un hiper enfoque (rigidez y repetición). Su dependencia extrema de la rutina y lo similar es una consecuencia de una arquitectura cerebral que tiene dificultades en procesar los cambios.

Incluso pequeñas variaciones de expectativas, tales como tomar un rodeo para ir al colegio, tener un profesor sustituto o cambiar la ubicación de los pupitres en el aula puede crear un caos cognitivo que puede tener un efecto dominó en el curso del día completo.

Nuestro alumno podría explicarlo de esta manera:

---

* "Star-Spangled Banner" y "O Canadá" son los himnos nacionales de los EE.UU. y Canadá respectivamente.

Puede que consideres mi comportamiento y pensamiento como algo rígido, pero la igualdad y rutina son mis salvavidas para poder lidiar con los detalles de la vida cotidiana que tú das por hecho. Saber que partes de mis días y mi vida serán iguales cada vez, me ayuda a poder controlar la ansiedad constante de vivir en un mundo que no entiendo que parece estar en movimiento constante e impredecible. Si quiero aprender a interactuar contigo y mi entorno. Así que por favor, respeta mis miedos y sácame de mi inflexibilidad con suavidad, hasta que yo aprenda las habilidades que me harán más capaz de tolerar mi entorno y hasta que entiendas cómo adaptar mi entorno para que pueda aprender. Dentro de la seguridad de mi zona de confort, dame experiencias prácticas, concretas y directas que me ayuden a ver y vivir los beneficios de la flexibilidad. Ayúdame a salir de mi zona de rigidez, pasito a pasito.

Ayúdala a pensar con *flexibilidad* y de manera *cohesionada*. Con una planificación bien pensada por nuestra parte, que incluya oportunidades frecuentes e incrementadas para practicar, ella puede aprender a tomarse las velocidades irregulares de la vida sin que sea una tragedia. Cuando selecciona de manera excesiva y de manera hiper enfocada, enséñale con tus palabras y acciones que:

- Hay más de una manera de ver una situación

- Los problemas pueden tener más de una solución

- Las ideas se pueden expresar e intercambiar de muchas maneras

- Hay más de una manera "correcta" de hacer la mayoría de las cosas

- Hay significado en la comunicación más allá de lo que vemos y oímos

Enséñale a tu alumno el poder de tener un Plan B o C o D, que solucionar problemas es más fácil cuando recordamos hacer preguntas del tipo "me pregunto" (más acerca de esto en el Capítulo Siete), y saber cuando pedir ayuda es igual de importante que responder correctamente a la pregunta. Enséñala a esperar lo impredecible como parte de la vida y la interacción social, y que no sólo es necesario sino que a veces puede conllevar disfrute divertido y no anticipado.

Una moneda con una sola cara

Muchos alumnos autistas piensan de manera concreta, lo cual significa que interpretarán lo que dices de manera muy literal. Si le dices "pónte en marcha" no te extrañe que haga justamente eso. No está siendo irrespetuoso, está siguiendo tus instrucciones. Abundan los ejemplos de la vida real. Una madre me contó cómo le preguntó a su hija autista sentada en el asiento trasero del coche a que "abriera la ventana una grieta" y ella le contestó: "¿De verdad? Bueno, vale" y luego lanzó su mochila contra la ventanilla para abrirle una grieta. Metáforas, giros de frase y lenguaje figurativo no son parte del entorno mental de un niño autista a menos que se le enseñe de manera específica.

En el aula, esto puede tener como resultado una dificultad a la hora de hacer ejercicios que le piden al alumno resumir o sintetizar, o elegir un tema o punto importante. Afecta a la manera en la cual es capaz de recuperar información. Puede que responda bien para recuperar de manera puntual, tales como preguntas de respuesta múltiple o preguntas de emparejar cosas. La dificultad sube a niveles altos cuando se encuentra ante tareas como las de recordar directamente sin la ayuda de ejemplos o indicaciones. Un ejemplo vívido de esto llegó cuando Bryce puntuó bajo en un test de estudios sociales en el cual se le pedía llenar un mapa de los Estados Unidos con el nombre de cada uno de los estados. Habíamos estudiado juntos para esta prueba. Así que yo sabía que su puntuación baja no llegaba ni de cerca a reflejar sus conocimientos reales. El profesor estuvo de acuerdo en volver a examinarle al darle un mapa con la primera letra de cada estado, diciendo: "Quiero saber cuanto sabe de la manera que necesite comunicármelo." Sin esas pistas mínimas (que no le habrían ayudado si realmente no sabía el tema), Bryce contestó perfectamente la prueba.

En un nivel más avanzado, el pensamiento concreto de tu alumno significa que conceptos abstractos y agrupamientos pueden ser muy difíciles para él. Puede que se le ocurran categorías tales como animales de zoológico, tipos de camiones o comidas que son vegetales, temas concretos. Pero puede tener dificultades con categorías abstractas tales como cosas que giran, cosas que te hacen estornudar, cosas que viven en el agua. O incluso cosas más nebulosas: cosas que te hacen feliz, cosas que son opuestas, cosas que son lujos.

Todo el mundo piensa como yo: ¿No es así?

Las habilidades de toma de perspectiva, llamadas habilidades de teoría de la mente (ToM), pueden estar significativamente dañadas en tu alumno autista. Hasta que se les enseñan habilidades ToM, pueden suponer que todo el mundo en todas partes comparte su manera de pensar, sus pensamientos sobre una persona, evento o situación y sus puntos de vista. Esa dificultad de generalizar se aplica a esto también. Así que explicarle el punto de vista de alguien en una instancia no significa que tu alumno entienda que todas las personas pueden tener maneras diferentes de pensar en cada caso distinto.

La toma de perspectiva es una habilidad social que tiene que ver con saber y comprender que las mismas palabras, eventos u objetos pueden tener una apariencia, sonido o sentirse de manera diferente a personas individuales. Es tener en consideración los pensamientos, sentimientos, actitudes y creencias de otros antes de hablar o actuar. Muchas de las zonas en blanco sociales y emocionales de tu alumno autista tienen su raíz en esta menor habilidad para tomar cosas en perspectiva. Ella no puede anticiparse a saber lo que los otros pueden decir o hacer en diversas situaciones ni entender que lo que una persona dice o hace en una situación dada, otra persona puede que no lo haga o diga nunca. Tu alumna puede que ni siquiera entienda que otras personas tienen pensamientos y emociones, y por lo tanto ella puede dar la sensación de ser una persona insensible o egocéntrica.

Michelle Garcia Winner, una especialista en patología del habla y lenguaje, conocida ampliamente por enseñar "pensamiento social" a individuos del espectro autista, es la autora de dos libros monumentales que versan sobre muchas de estas diferencias de procesado cerebral distintas, *Thinking About YOU Thinking About ME* y *Think Social! A Social Thinking® Curriculum for School-Aged Students*. Ambos libros son una lectura incuestionable para todo maestro y padre. En sus libros, Winner define los elementos críticos de la toma de perspectiva como la habilidad de *considerar activamente* y *ajustarse a*:

- Los pensamientos y emociones de otros además de los propios, aún en el caso de que no se produzca una interacción directa.

- Similitudes y diferencias de creencias religiosas, políticas y culturales entre las tuyas propias y las de otros.

- El uso de conocimiento previo y experiencias en cuanto a comunicación con otros.

- Las motivaciones e intenciones de uno mismo y otros, incluso en casos de no existir una interacción directa.

Sin ser enseñadas, esas habilidades de toma de perspectiva, tu alumno autista puede que nunca experimente los resultados y las gratificaciones de un pensamento social y procesado sanos, detallados por Winner como:

- Interpretar las necesidades y deseos de otros

- Dar respuestas que se consideran empáticas

- Navegar con seguridad entorno a personas que pueden tener malas intenciones

- Interactuar con sutileza para que otros no nos perciban como siendo demasiado exigentes o directos.

- Compartir las pasiones o deleites de otros aun en el caso de que no compartamos el mismo nivel de interés en el tema sólo porque así podemos disfrutar de la relación subyacente que se está desarrollando.

- Dedicarnos a actividades socialmente relacionadas con el pensamiento crítico y solución de problemas personales

La toma de perspectiva no es una cosa aislada que le enseñas a tu alumno. Es una reserva extremadamente amplia que está interrelacionada formando un procesado de elementos sociales, emocionales y conceptuales que trabaja de forma sinérgica. Esta es una área que enseñarás de manera limitada a medida que el cerebro del niño podrá

Ten muy presente que la habilidad de toma de perspectiva no está relacionada con la inteligencia: El C.I. o las capacidades lingüísticas no son indicadores de habilidades de toma de perspectiva.

ir entendiendo (debido a que la velocidad de aprendizaje para tomar perspectiva es profundamente personal), y generalmente esta enseñanza y aprendizaje abarca años, no cursos o semestres. Dicho esto, el poder pensar acerca de los pensamientos propios, sentimientos y conductas y su interpretación además de los de otras personas, es el núcleo del funcionamiento social y el entendimiento del mundo social y todos sus eventos.

Ten muy presente que la habilidad de toma de perspectiva no está relacionada con la inteligencia: El C.I. o las capacidades lingüísticas no son indicadores de habilidades de toma de perspectiva.

Enséñale a tu alumno: que las personas tienen maneras distintas de pensar, sentir y responder. Que no sólo respondemos a otros sino que iniciamos contacto con ellos. Que compartimos y reciprocamos acciones con otros, no sólo para intentar controlar nuestra propia situación. Que obtenemos pistas sociales de otras personas sin imitar sus conductas y palabras exactas. Que nos dedicamos a un toma y daca cooperador y recíproco, no sólo actividades paralelas con otros. Haz todo esto y más, de maneras concretas y significativas en el estilo de aprendizaje del niño. Haz que sea real para ellos. Sencillamente hablar de estos conceptos, ofrecer ejemplos del mundo real, señalando cuando otros están intentando imaginar los pensamientos y sentimientos de una pareja, un compañero de clase, no es suficiente. Si lo fuera, el niño ya habría sido capaz de tomar perspectiva.

Y es importante mantener muy presente que la habilidad de toma de perspectiva no está relacionada con la inteligencia: tener un C.I. alto o capacidades verbales avanzadas no es un indicador de habilidades de toma de perspectiva. El director del colegio de Bryce enfatizaba repetidas veces que la ausencia de competencia social "hará que te despidan del trabajo más rápidamente que la falta de habilidades cognitivas o inteligencia." La habilidad de toma de perspectiva, parte de esa competencia social, se considera una habilidad esencial para tener éxito en el lugar de trabajo, una aspiración que la mayoría de los padres tienen para sus hijos autistas.

Empieza a ver las cosas de manera diferente

¿Recuerdas ese viejo tópico de que todo el mundo aprende a ponerse los pantalones una pierna por vez? Bryce no lo hizo. Cuando estaba aprendiendo a vestirse, encontró más expeditivo sentarse en el borde de la cama, echarse hacia atrás, alzar las piernas en el aire y ponerse los pantalones en las dos piernas al mismo tiempo, todo en un sólo movimiento. Lo visualizó de una manera que para él tenía más sentido, aplicó una secuencia de planificación motora que tenía más sentido para él y encontró su propia manera eficaz de realizar una habilidad corriente de vida. El hecho de que el 99 por ciento de las personas del mundo se ponen los pantalones una pierna por vez, no hace que su manera sea mala y para algunos, su manera puede ser mejor.

Enseñar a nuestros niños autista será un ejercicio en vano si no estamos dispuestos a aceptar y respetar que sus cerebros procesan la información de manera distinta y luego encontrar maneras eficaces de adaptar nuestras enseñanzas de acuerdo con ello. Si no podemos lograr ser flexibles en nuestro enfoque para enseñarle, si no aceptamos su uso entero, mental, físico, metafísico, emocional, cognitivo, como válido y merecedor, de nuestro esfuerzo, no podemos esperar que responda con algún grado de motivación o deseo de conectar con nosotros o nuestro entorno social.

El punto clave es un lugar de encuentro en alguna parte del centro. Variamos nuestro pensamiento lo suficiente como para enseñar a su manera de pensar y procesar de forma significativa. Luego él puede aprender a estar más cómodo con nuestra manera de pensar y sentirse competente en un mundo no autista. Poco a poco la cercanía entre nosotros crece. Los Mac ahora se comunican con los PC. Nunca ha habido un momento mejor para aprender a habitar esa perspectiva diversa. Tú y tu alumno aprenderéis cosas que nunca sabíais que nunca habíais sabido.

Capítulo Cuatro

El comportamiento es comunicación: Tuya, mía y nuestra

El comportamiento es seguramente el tema más discutido, debatido, temido y a menudo incomprendido del autismo. Es la preocupación que ha estado en el disparadero de mil reuniones de padres y alumnos, y mil consultas médicas y de terapia, y hilos de medios sociales kilométricos. Es el dragón que escupe fuego, el Goliat, el T-Rex y el Titanic chocando contra el iceberg, a veces todo ello de manera simultánea.

Y, sin embargo, el comportamiento es un enemigo muy debilitado una vez que aceptamos una verdad básica: el comportamiento nunca jamás "viene de la nada". Siempre hay un detonante subyacente, una necesidad no resuelta. Una vez que identificamos el detonante, ya hemos avanzado tres cuartas partes del camino para desbloquearlo.

Sí, requiere que invirtamos tiempo y esfuerzo en el trabajo de detective. Puede que hayas oído el término "detective de comportamiento" o "detective social" comentado en encuentros educativos. Antes de que te empieces a abrumar ante el mucho tiempo que requiere este enfoque, considera que la inversión previa de esfuerzo gastado en la prevención de comportamientos se desvanece hasta la nada en contraposición ante la alternativa desgastante y no productiva de tener que reaccionar una y otra vez ante el mismo comportamiento *prevenible*.

> **Deja de pensar con terminología como mal comportamiento, comportamiento negativo. El comportamiento es comportamiento y punto.**

Existen herramientas que hacen que este trabajo sea menos abrumante de lo que parece. Visitaremos la caseta de las herramientas en un momento, pero primero, un par de requisitos para poder usar estas herramientas:

1. Deja de pensar con terminología como mal comportamiento, comportamiento negativo. El comportamiento es comportamiento y punto. Algunas conductas pueden ser situacionalmente inadecuadas o inesperadas, pero una gran parte de lo que hacen los niños autistas tiene su raíz en malentendidos o malas interpretaciones o sencillamente la no observación de sus entornos sociales. Acepta plenamente que todo comportamiento es una forma de comunicación, a menudo la única manera para quien no ha recibido educación funcional de otro tipo. Recuerda siempre que la enseñanza no es enseñanza si no lo han aprendido, y las reglas de enseñanza o habilidades sin la conectividad social-emocional para colocarla en un contexto significativo y relevante no es enseñar gran cosa.

2. Al intentar detectar las razones subyacentes del comportamiento de un niño, primero debemos considerar el nuestro. Tenemos que reconocer que nuestro comportamiento es información que impartimos al niño acerca de su entorno. No podemos cuestionar lo que su comportamiento nos está diciendo sin también cuestionar lo que nuestro comportamiento le está diciendo a él.

También te solicito que seas suave en tus esfuerzos para cambiar el comportamiento de un niño como lo podrías esperar razonablemente de tí mismo. Me parece una locura lo mucho que esperamos de nuestros alumnos TEA en el área de modificación de comportamiento cuando nosotros como adultos lo encontramos tan difícil de lograr para nosotros. Cada Año Nuevo salen las mismas viejas resoluciones de cambio de comportamiento: perder peso, comer más sano, dejar de fumar, gastar menos dinero, hacer más ejercicio, organizarse. Para finales de enero normalmente todo ha terminado menos los gritos. ¿Con qué derecho esperamos mayor fortaleza interna de un niño que vive con un desafío neurológico que de nosotros mismos?

> **No podemos cuestionar lo que el comportamiento de un niño nos está diciendo sin cuestionar primero lo que nuestro comportamiento le está diciendo.**

El caso es que, a menudo nos preparamos para fracasar porque asumir tres o cuatro resoluciones de Año Nuevo es demasiado. Todos sabemos demasiado bien lo desmotivador que es aceptar que no cumplimos ninguna de esas resoluciones, no logramos cambiar nuestro comportamiento. Cuán mejor habría sido elegir una meta lograble por vez, experimentar un éxito creciente y el sentimiento de valor propio que viene con ello antes de seguir al siguiente desafío. Y así es, si no más todavía, para un niño.

No podemos dar respuesta a todos los temas relacionados con el comportamiento en un sólo capítulo de un libro pequeño, y no vamos a intentarlo. Existen docenas de libros excelentes dedicados exclusivamente al comportamiento, quizás ya hayas leído alguno de ellos pero este libro se enfoca en no solo el comportamiento del niño, sino igualmente en nuestro comportamiento de adulto y el papel que desempeña en la ecuación. Tomemos una visión amplia sobre algunos factores que pueden tener un impacto en el comportamiento en un escenario educativo. ¿Quién mejor para explicarnos su propio comportamiento, y contarnos cómo percibe el nuestro, que nuestro niño?

Nuestro alumno autista dice:

- Busca temas sensoriales primero. Muchos de mis comportamientos tienen su raíz en la incomodidad sensorial. El aula es demasiado luminoso o demasiado ruidoso o hay demasiadas cosas en las paredes que me distraen. Quizás tengo que sentarme más cerca de ti, no entiendo lo que estás diciendo porque hay demasiados ruidos entremedias, como ese cortacesped afuera, Jasmine susurrándole a Tanya, sillas golpeando el suelo, sacapuntas haciendo ruido. Y sentarme en una silla puede que no sea mi mejor postura para aprender. Mi sentido del equilibrio no es como el tuyo, y a veces no sé dónde está el borde de la silla, ¿estoy a punto de caerme? ¿Quizás podría leer tumbado en un tapete (el contacto corporal me calma), o un asiento relleno, o usar uno de esos atriles ajustables?

  Pregúntale a mi terapeuta ocupacional que te dé ideas sensoriales para el aula. Es bueno para todos los niños, no sólo yo.

- Permíteme descansos auto-regulados antes de que los necesite. Una esquina tranquila con una alfombra en el aula con unos cojines, libros y auriculares me permite ir a un lugar donde reorganizarme cuando me sienta desbordado pero es un sitio lo suficientemente cerca para que pueda volver a la actividad de la clase de manera fácil. O quizás lo que necesito es un poco de movimiento, un recado al despacho o dar una carrera por la pista del gimnasio con un compañero de clase puede que sea lo único que necesite.

- Guarda notas de detective de comportamiento acerca de cuando estoy teniendo dificultades. ¿Qué actividad estamos haciendo, qué hora es y quién está a mi alrededor? Intenta ser consciente de las muchas cosas sensoriales y sociales que hay en nuestro entorno. Ver. Oir. Sentir. Oler. Las cosas que tú fácilmente puedes dejar de sintonizar puede que sean las cosas que me están causando malestar, incluso dolor. Te vas a quedar muy sorprendido por lo mucho que esto puede revelar por qué estoy reaccionando y comportándome como lo hago.

- No empeores una situación mala. No quiero o elijo tener una rabieta, mostrar ira o de otra manera alterar nuestra aula. Puedes ayudarme a superarlo antes sin responder con conducta poco bondadosa o iracunda tuya. La manera en que respondes a lo que hago o digo puede prolongar en lugar de terminar con un episodio malo:

  - Alzando el tono o volúmen de tu voz. Yo oigo los gritos pero no las palabras.

  - Burlándote o imitándome. A menudo yo no reconozco el sarcasmo, y los insultos o llamarme cosas no me van a hacer cambiar de comportamiento. Lo que sí me enseña es que no puedo fiarme de tí para que me guíes con respeto.

  - Realizar acusaciones que no puedes respaldar. Si no tienes pruebas concluyentes de que yo lo hice, sólo estás adivinando. ¿Y si te equivocas?

  - Usar un doble rasero. Obligarme a seguir reglas o expectativas que el resto de la clase no tiene que seguir no sólo me pone más difícil las cosas socialmente, sino que aplasta mi autoestima y afecta la voluntad de mis compañeros de trabajar conmigo como compañero.

- Compararme a mi o mis esfuerzos con los de un hermano o hermana u otro alumno.

- Traer a colación cosas previas o no relacionadas que han pasado.

- Meterme en una categoría general diciendo cosas como "Niños como tú hacen esto siempre."

Si caes en alguno de estos puntos, todavía puedes mejorar las cosas con una disculpa sincera. Estoy intentando aprender que todo el mundo se enfada o se siente frustrado y la lía de vez en cuando, incluso tú e incluso cuando el error parece enorme, todavía podemos arreglarlo y dejarlo atrás.

- Si no estás llegando a mí, prueba otra manera. Mi madre dice que la definición de la locura es seguir haciendo las cosas de la misma manera y esperar que el resultado sea distinto. Si sigues haciendo o diciendo las mismas cosas pero mi comportamiento no cambia, quizás el comportamiento que tiene que cambiar es el tuyo. No sabes lo mal que se siente uno saber que los adultos creen que mi comportamiento es voluntario y que yo podría cambiar mis reacciones a mi entorno si lo deseo suficientemente. No lo es y no puede serlo. No has encontrado la causa raíz de mi comportamiento todavía; ¡por favor, sigue buscando! Cuando tus enseñanzas no están funcionando, estoy aquí sentado esperando que cambies la enseñanza.

Jennifer McIlwee Myers, autora de *How to Teach Life Skills to Kids with Autism or Asperger's* y *Growing Up with Sensory Issues: Insider Tips from a Woman with Autism*, recuerda una infancia con síndrome de Asperger´s y ahora, como adulto, sigue experimentando sus desafíos. Tiene recuerdos dolorosos acerca de una profesora que eligió un enfoque cruel ante su comportamiento, así perdiendo las enormes oportunidades de aprendizaje de una alumna que aprendía con ganas pero de manera diferente. Jennifer cuenta este relato sin adornos:

> En tercero de primaria, tenía problemas en casi todas las lecciones de vocabulario. La rutina era: buscábamos las palabras en nuestros diccionarios y copiábamos las definiciones. Luego la Sra. Actitudes (nombre cambiado para proteger a la culpable) repasaba las palabras con la clase. El problema para mí era, me encantaba leer diccionarios. Con la nariz hundida en el diccionario, no la veía ni escuchaba cuando empezaba a hablarle a la clase. Luego, me interpelaba y yo no la oía. Seguía intentando conseguir que le prestara atención desde su posición delante de la clase (supongo, porque nunca lo ví), hasta que se volvía cada vez más frustrada. Terminaba por acercarse a mi pupitre, hablando alto y regañándome. Todas las semanas.

> Aunque nunca funcionaba, la Sra. Actitudes pensaba que humillarme delante de la clase me haría dejar esta costumbre terrible. Yo realmente odiaba que me gritaran, y odiaba las municiones extra que le daba a los otros niños para que pudieran aumentar sus burlas en el recreo. Así que realmente lo intentaba. Pero entregarme un diccionario y decirme que no me distrajera con eso era como dejar una barra de chocolate encima de mi pupitre y decirme que no me lo comiera. Ella suponía que yo la estaba volviendo loca a

propósito. Parecía haber olvidado lo que estaba enseñando. ¡En una lección sobre vocabulario! ¡Yo estaba leyendo un diccionario! ¡El hecho de que ella no quería que yo aprendiese nuevas palabras de vocabulario me volvía loca!

Había tantas maneras en las cuales ella podría haber lidiado con esto. Podría haberse acercado y dado un golpecito en el hombro antes de dirigirse a la clase. Podría haber puesto un temporizador en mi pupitre con un sonido alto y decirme que tenía que cerrar el diccionario cuando sonase. Podría haberme mantenido ocupada copiando definiciones en la pizarra mientras que los otros niños consultaban sus diccionarios. Podría haberme enseñado a ayudar a los otros niños con sus tareas. Podría haberme asignado tareas que no eran usar un diccionario. Podría haber ignorado el problema y dejarme leer el diccionario. Podría haber hecho muchas cosas, pero no lo hizo. Me humilló por un comportamiento que yo no podía controlar, me hizo odiarla y no fiarme de ella por hacer que mi problema del bullying fuese peor.

- Asegúrate de que tus recompensas son verdaderas. Ser premiado por buena conducta con caprichos que odio (los caramelos duros se sienten horribles en mi boca) o juguetes que no entiendo (me alegro de que a Tí te gustó el juego de Star Trek) no me van a inspirar a cambiar mi comportamiento. Mis intereses son específicos y lo que me llama la atención puede ser lo contrario que pueden querer otros niños. Si no sabes los premios que me podrían gustar, pues ¡pregúntame! Si no soy capaz de decírtelo en palabras, busca otras señales que indiquen lo que me interesa.

- Elige un comportamiento por vez en el cual trabajar. Las multitareas no funcionan con niños que tienen autismo.

- ¿Mis comportamientos son dañinos, socialmente inaceptables o sólo son molestos? Si estoy haciendo algo que afecta mi salud o seguridad, altera el aula o hace que otros me eviten, entiendo que tengas que ayudarme a cambiar eso. Pero entonces piensa en algunos de mis otros comportamientos que dices que son "inapropiados" o "negativos." Quizás le moleste a algunas personas que yo jugué con mi cabello o mastiqué el cordel de mi capucha. Pero, ¿qué importancia real tiene eso cuando estoy ante todo lo que estoy intentando aprender y sobrellevar? Son importantes para mi me ayudan a calmarme. Ayúdame a cambiar las cosas (una por una) que harán que sean más beneficioso para mí poder aprender y estar con otros de manera cómoda.

- Fíjate en todo, no sólo yo. Si siempre me estás animando a que sea como los otros niños, puede que me veas emular algunos de sus comportamientos menos perfectos porque sí que veo y oigo las palabrotas, las trampas, las quejas, las cosas malas, el meterse con otros y las pullas. Si me dices que siempre diga la verdad, no te extrañe que le diga a Sophie que su pelo tiene un aspecto raro. Ten cuidado, por favor, con lo que me pides cuando eso afecta a todos los que nos rodean.

Así que ahora tenemos la tarea: el comportamiento no cambia hasta que encontramos la causa de base. Aquí está la caja de herramientas para hacer eso.

Evaluación de Comportamiento Funcional, Análisis de Comportamiento Funcional

Esto es literalmente el ABC del comportamiento. Tiene que ver con identificar el *antecedente*, o detonante del *comportamiento*, el comportamiento en sí que vemos exhibir al niño y la *consecuencia* o resultado de ese comportamiento. La evaluación es parte del análisis, El ABC puede ser cualquier cosa desde observaciones informales a recogida de datos detallados y cuantificados. Cualquiera de los dos se debe hacer conjuntamente con una persona o personas versadas en análisis de conducta. No olvides la ecuación de comportamiento que compartimos al principio de este capítulo: Comportamiento = tú + yo + el entorno.

Perfil sensorial

Los Terapeutas Ocupacionales (TO) estarán familiarizados con el Perfil Sensorial, desarrollado por la muy respetada Terapeuta Ocupacional Winnie Dunn. Los padres/cuidadores responden a preguntas relacionadas con la frecuencia y la intensidad de las experiencias sensoriales de las respuestas del niño ante una gama de experiencias sensoriales. Los resultados son puntuados por un TO y pueden ser de valor incalculable para detectar estímulos del entorno que pueden estar contribuyendo a comportamientos. La información arrojada por el Perfil Sensorial también puede ayudar a un TO sugerir modificaciones al aula que pueden ayudar a prevenir comportamientos alterantes, resistentes o de evitación.

Mapa sensorial/dieta sensorial

Con la información obtenida del Perfil Sensorial, un terapeuta ocupacional puede diseñar un "mapa sensorial" y/o una "dieta" para el niño. El mapa recoge el día de la niña mientras va de una actividad a otra, identifica dónde es probable que surjan problemas sensoriales y ofrece sugerencias de intervención, o una dieta. Para niños de espectro autista, la dieta puede necesitar incluir actividades calmantes tanto como activantes. La falta de interés y aletargamiento (respuesta hipersensible) pueden ser síntomas de trastorno sensorial tanto como la hiperactividad.

Diario alimenticio

La comida puede crear un desastre en el comportamiento de un niño, mucho más allá del tan cacareado "colocón de azúcar." Las alergias alimenticias (respuesta de desorden del sistema inmune), sensibilidades alimenticias (reacción parecida a drogas en grado variante según el alimento), bajo nivel de azúcar en sangre, deshidratación, carencias vitamínicas, problemas de absorción, la lista es muy larga. Guardar notas detalladas sobre qué y cuándo come el niño conjuntamente con notas sobre comportamiento, puede ser muy esclarecedor.

Diario de sueño

Los padres pueden encontrar que es muy valioso documentar los hábitos de sueño del niño. Una carencia crónica de sueño es una receta potente para problemas de comportamiento. Detectar la fuente de los problemas del sueño empieza con los mismos factores que hemos estado comentando en todo el capítulo: problemas sensoriales tales como ruidos del hogar, sábanas o pijamas incómodos, tela que huele mal (al niño) productos de baño o lavandería. Un niño con necesidades propias perceptivas puede ser ayudado con una manta que pese o saco de dormir en vez de sábanas. Algunos niños duermen mejor con un espacio de dormir más definido, como cubiertos por un dosel, o tras una cortina. Las actividades y ver la televisión o dispositivos electrónicos hasta el momento de irse a la cama dejan el niño estimulado, no relajado. Las bebidas con cafeína o chocolate se deben evitar en las horas previas a acostarse.

Un plan claro, justo y *significativo* para las consecuencias

El autismo de tu alumno puede que sea la razón (explicación o causa) de algunos de sus comportamientos, pero nunca puede ser una excusa (intento de justificación, quizás sin fundamento). Nadie sugiere que un niño autista debe ser librado de las consecuencias naturales de su comportamiento. Pero el cualificador aquí es: sé muy claro al hacer la conexión entre el comportamiento y la consecuencia. Mantén tus palabras concretas, respaldadas por imágenes visuales cuando sea posible.

Jennifer McIlwee Myers nuevamente nos ayuda a reconocer la gravedad de esto cuando nos dice: "Necesitamos comprender cómo nuestro comportamiento puede causar resultados indeseados para nosotros. NO nos toleres mucho cuando nuestro comportamiento es potencialmente peligroso para nosotros. Por ejemplo, el comportamiento pre-adolescente de acoso debe tener consecuencias muy serias, porque no tratar semejante comportamiento cuando somos jóvenes puede conllevar problemas con la ley cuando seamos mayores."

Ojos y oídos y corazón

Los comportamientos que tienen su raíz en detonantes emocionales pueden ser los más difíciles de detectar porque tu alumno autista puede que no sea capaz de identificar fácilmente y menos articular sus emociones. Necesitamos escuchar con el corazón y buscar en lugares que no podemos ver u oír fácilmente. Un niño experimenta muchas cosas más allá de nuestro conocimiento, pullas, bullying, frustración, decepción, ineptitud ante cierta tarea debido a falta de habilidad o conocimientos. Todo esto puede dar lugar a comportamientos. Y más críticamente, el niño con habilidades difíciles de lenguaje socio emocional puede que no pueda comunicar lo que va mal. La participación sostenida de un terapeuta del habla o un profesional de la salud mental es muy beneficioso. Arte, música o terapia de baile también pueden considerarse. Muchos niños pueden expresarse a través de un dibujo, escultura, pintura o movimiento cuando las palabras no son posibles.

Si podemos creer la idea de que el aprendizaje es circular, es sólo un pasito más allá es darse cuenta que el comportamiento también es circular. Al igual que el aprendizaje, sus mensajes fluyen hacia delante y hacia atrás entre los miembros del equipo. Tres siglos antes de que emergiera el concepto del autismo, Sir Isaac Newton describió la ecuación del comportamiento de manera perfecta en su Tercera Ley del Movimiento: para cada acción hay una reacción opuesta. Esta clase de presión acumulada es lo que lanza ese favorito de la clase de ciencias: el cohete botella. Los problemas de comportamiento pueden parecer así de volátiles. Pero tienes que controlar la trayectoria de este cohete. Tus palabras, tu actitud y tus reacciones son factores determinantes en el entorno de tu alumno y su respuesta al mismo. Sólo cuando examinamos claramente nuestro propio comportamiento tendremos una oportunidad de causar un impacto positivo en el de nuestros niños.

Capítulo Cinco

Atascado, Liado y

Desconcertado

Si no podemos comunicarnos de manera
eficaz, ninguno de los dos aprenderá mucho.

"Supongamos que dices que yo dije que ella dijo algo bastante diferente, no veo que haya diferencia porque si ella dijo lo que tú dijiste que yo había dicho, es lo mismo que si yo dijera lo que ella dijo que había dicho."

— Tortuga lenta sólida a Jaguar Pintado en el relato "El comienzo de los armadillos" de Rudyard Kipling

Quizás te quedarás perplejo o perpleja ante la página anterior, con su zona en blanco. Quizás te preguntaste si había algún tipo de error de imprenta. Pero, ¿y si te dijera que no hubo un error de imprenta, que había un mensaje en esa página; que, de hecho, el espacio en blanco contenía una tormenta de nieve de información, pero que sencillamente no lo estabas captando? ¿Y si, como autora de este libro, en efecto la maestra, elegí enviar la información en un formato distinto a las palabras convencionales, un formato perfectamente comprensible para mí pero no para tí? ¿O si hubiera elegido escribir este capítulo entero en el estilo de palabras dobles de Kipling como se cita arriba? Las probabilidades son que te habrías sentido irritado, posiblemente frustrado o incluso airado. ¿No es mi responsabilidad como maestro aportar la información de una manera que puedas comprender?

La respuesta es un gran POR SUPUESTO QUE SI. Tenemos la responsabilidad y la obligación como maestros de hacer lo que sea preciso para comunicarnos de manera eficaz con todos nuestros alumnos. Podemos pensar que lo estamos haciendo, pero las suposiciones y las expectativas que llevamos como comunicadores "corrientes" pueden no llegar a su meta con nuestro alumno autista. Con demasiada frecuencia de manera inconsciente pero insidiosa saboteamos nuestros esfuerzos y los de ellos.

Esto es indiscutible: el alumno con autismo *requiere comunicación adaptada*. Muchos profesores son conscientes de que los niños del espectro autista son, con mayor frecuencia, no aprendices visuales y que ellos interpretan el lenguaje de manera literal. Yo me centré en esos dos aspectos del autismo en detalle en mi libro *Ten Things Every Child with Autism Wishes You Knew* (tercera edición, 2019), y aquí ampliaré esos comentarios en lugar de repetirlo.

Reconocer que nuestro alumno aprende visualmente y piensa de manera concreta es la punta del iceberg. Al igual que un iceberg, los problemas característicos del lenguaje en el autismo están lejos de la superficie y hacen que el procesado del lenguaje auditivo sea traicionero y extenuante para él. Rodeado por la conversación general contemporánea, nuestro alumno se ve sometido a un nivel imposible de vocabulario, uso incesante de lo vernáculo, expresiones o sencillamente uso vago del lenguaje y cosas. Si se echa encima de esto las sutilezas efímeras del lenguaje: tono vocal, volúmen y la velocidad del habla (humana y electrónica) que revolotea entorno a tu alumno autista, eso se vuelve tan indescifrable que le envía a un bloqueo auto-defensivo. A tí te puede parecer que no está escuchando, pero en realidad sí lo está haciendo desesperadamente intentando comprender pero no estamos comunicándonos de manera que tenga sentido para él.

Tener que bregar cada día a través de una niebla de lo que puede sonarle como el "jabberwocky" no le anima a fiarse de nosotros como mensajeros. Cuando falla la comunicación o no llega, así va su confianza en nosotros. Y esa confianza es el pegamento que liga tu relación como profesor y estudiante.

> "¡No te creo!" dijo el Jaguar Pintado. "Has liado todas las cosas que (tú) me dijiste hasta que no sé si estoy de cabeza o de cola. Y ahora vienes y me dices algo que puedo entender, y no me fío de tí ni pizca."

Quizás ya estemos usando algún tipo de programa visual, tablero de elecciones o lenguaje de signos para nuestro alumno. Puede que nos hayamos dado cuenta de su manera literal de interpretar el lenguaje, incluso puede que nos parezca algo divertido.

>Vecino bien intencionado: "Dios mío, Justin, ¡estás creciendo como una hierba!

>Justin: "¡Eres un viejo malo! ¡Mi papa arranca las hierbas y las tira!"

Ese relato me vino de una madre de verdad, y tengo miles propios parecidos. Estos incidentes son graciosos sólo durante el momento en que ocurren y para nada cuando se considera que el pensamiento concreto dejado sin control puede llevar a una vida de vecinos mal interpretados, compañeros de trabajo y miembros de familia. ¿Cómo va a impactar eso en la habilidad del niño para funcionar como un adulto feliz e independiente? Hay tantas personas en la población general, incluso quienes pasan mucho tiempo con individuos autistas que no son conscientes de la gran desventaja que tiene nuestro alumno autista en el área de la comunicación y lo mucho que tenemos que ser consciente de ello para poder enseñarle de manera eficaz.

En el siglo XX surgió un interesante movimiento culinario llamado Comida Lenta. Una de sus metas era contrarrestar la creciente presencia de comida rápida con calorías vacías y pocos nutrientes y volver a despertar la conexión entre personas y culturas. Me encantaría ver un movimiento similar aplicado al uso del lenguaje en nuestra comunicación con nuestros alumnos que tienen autismo.

Ve más despacio si quieres cultivar una comunicación saludable con él. Acércate más, háblale de manera directa (no le llames desde el otro lado de la habitación), usa tonos bajos e inteligibles y controla la velocidad de tu habla. *Ve más despacio.*

Corta con la grasa. Esto incluye verbalismos de calorías vacías y pocos nutrientes como son las palabras jerga, inferencias, sarcasmo, alusiones, exageraciones, juegos monos pero innecesarios con las palabras. Para tu alumno, estas locuciones sólo sirven para rellenar y no mejorar el mensaje núcleo que estás intentando comunicarle. Usa lenguaje concreto y específico.

Equilibra la dieta. Al igual que cualquier alimento por sí solo no es una nutrición completa, las palabras por sí solas sólo son un componente de la comunicación. Converge a todos los miembros del equipo para determinar los tipos de apoyo visuales, auditivos, táctiles, kinestésicos y social emocionales que necesita. De manera activa, enséñale a entender el lenguaje corporal, expresiones faciales, sutilezas verbales, proxémicas. No va a aprender a través de osmosis social a medida que se desarrolla. Requiere una integración perpetua. Cada profesor, cada marco, cada día.

Dale el tiempo adecuado para que lo digiera. A él le tarda más procesar y formular las palabras correctas para responder y hacer un plan motor del comportamiento que se requiere. Plan motor es el término para describir cómo formulamos y secuenciamos los pasos en nuestra mente antes de intentar ejecutar una tarea. Es una habilidad aprendida que surge en el proceso de desarrollo de la integración sensorial, y muchos alumnos autistas se vuelven muy adeptos en ello. Ve más despacio. Cuando le hablas, espera, un rato, para que te responda antes de lanzarte a decir nada. Con demasiada frecuencia le pedimos a este niño que pague el precio por nuestra falta de habilidades de gestión de tiempo. Eso no está bien. Si su "software" de comunicación requiere una pausa de quince segundos antes de responder o un aviso de cinco minutos o dos minutos antes de que cambie una actividad, incorpora ese tiempo extra en tu lado, porque eso es el requisito de su sistema de procesado.

Déjale parar cuando se haya llenado. Continuar alimentándole a la fuerza más allá del punto en el que es capaz de absorber la información de manera adecuada sólo logrará que su sistema tenga una sobrecarga. Como resultado, verás una explosion de genio o un apagamiento, un "parón de trabajo" en cualquier caso.

Comunicación functional: Misión esencial

La importancia de proveerle al niño un sistema de comunicación funcional, *de la forma que haga falta*, no se puede dejar de recalcar. Cuando yo hablo a grupos de personas, hago que mis oyentes realicen un ejercicio simulando cómo sería perder su propio medio de comunicación funcional. Es así:

Imagina tener que navegar durante tu jornada con la boca cerrada con un adhesivo y los dedos atados. No puedes usar el teléfono, nada de correo electrónico, nada de mensajes de texto, nada de medios sociales. Tu habilidad para poder contribuir a conversaciones tanto orales como digitales se ve severamente comprometida, al igual que tu habilidad para pedir aclaraciones de información que ha pasado ante tí demasiado aprisa. Se requiere un esfuerzo físico y exponencialmente más tiempo para ofrecer una opinión, pedir ayuda y comunicar tus necesidades y deseos. No puedes usar el teléfono para pedir ayuda o acelerar tus tareas.

> **La importancia de proveerle al niño un sistema de comunicación funcional, *de la forma que haga falta*, no se puede dejar de recalcar.**

Imagina además que cualquier información impresa en papel que se te entrega, está escrita con símbolos que no entiendes completamente. La información verbal te llega como un idioma extranjero; sólo puedes descifrar cada sexta palabra y quizás el verbo final, y eso únicamente cuando la persona que habla, ralentiza la velocidad de su discurso, pronuncia con claridad y te habla de manera directa.

Sin ninguna comunicación funcional que conozcas, imagínate intentar realizar tu trabajo, cumplir con tus responsabilidades y cumplir con las expectativas de tu familia, compañeros de trabajo y comunidad. Luego pregúntate:

¿Cuál sería mi eficacia?

¿Qué grado de éxito tendría?

¿Cómo reaccionarían mis compañeros de trabajo y mi familia?

¿Cuánto podría contribuir yo?

¿Cuánto tiempo pasaría antes de que mi frustración, ansiedad, ira y temor se desbordaran y me obligaran a exhibir algo de "comportamiento?"

¿Y si esto continuase así día tras día, y no fuera un experimento que acabase después de unas pocas horas?

¿Y si esto fuese mi *vida* ?

Para cuando les he pedido a las personas ante mí que se imaginaran todo esto, la sala siempre se pone muy callada.

Y, al imaginar esto, espero que puedas empezar a sentir la gran urgencia y lo conmovedor de las circunstancias de tu alumno autista: el lenguaje y la comunicación sólo son una área vital de sus vidas con la que tienen dificultades.

Para niños que no hablan y niños con verbalización emergente, hablar es barato. Son exigibles formas alternativas y/o suplementarias. Incluso para niños con autismo que se presentan como competentes verbalmente, puedes estar seguro de esto: *siempre* hay agujeros y desfases, y son más profundos de lo que te imaginas. Incluso cuando mi hijo era un adolescente y parecía más capaz verbalmente de lo que realmente era, el esfuerzo extraordinario que se le exigía y el precio exigido para que ejecutase comunicación social competente era palpable y a menudo desgarrador de ver.

Nadie me vio llorar. Él seguro que no.

Como sociedad, encontramos demasiado fácil ignorar o marginar a quienes no pueden hablar por sí mismos hasta que hacen algo extremo que nos hace prestar atención. Si fracasamos en proveer al niño con un medio de comunicación funcional para poder expresar sus necesidades, no tenemos derecho a estar conmocionados o exasperados cuando ellos tienen una crisis de ira, frustración o pena. Y no es suficiente con ofrecerles el medio en escenarios concretos. Tiene que ser una solución que va a todos los lugares donde van ellos. El calendario de actividades grande que hay en la pared del aula es muy útil, al igual que el tablero de opciones en casa, pero, ¿qué pasa en los miles de lugares que hay fuera del aula y el hogar? La solución tiene que ser portátil, algo que el niño puede usar en toda clase de escenarios donde se desenvuelve en su vida. Las aplicaciones digitales han hecho que esta portabilidad sea más amplia, pero no está universalmente disponible. Los dispositivos electrónicos tampoco son infalibles ni son invulnerables al daño, robo y pilas agotadas. Al igual que sucede con la comunicación, la solución funcional tiene que tener múltiples enfoques.

El discurso no es lenguaje no es comunicación

La habilidad de poder hablar, formar palabras, sólo es el comienzo mecánico de la comunicación verbal. Formar palabras es una función de los músculos articulatorios de los labios, lengua y rostro. Esta es una analogía: puedes encender el motor de un coche y el motor arrancará, pero sin que lo guíes y lo dirijas, un motor al ralentí no va a ninguna parte. En ese momento, es un coche, pero todavía no es un transporte.

El mero uso de palabras verbales no es equivalente a tener dominio del lenguaje funcional, ni el *no* uso de palabras verbales significa que la comunicación no es posible. El término *no verbal* se ha usado ampliamente para caracterizar a personas que no hablan, pero no es un uso preciso de la palabra y la distinción entre no verbal y no hablante es significativa. No verbal significa que no se usan palabras como modo de comunicación. No hablar significa no usar palabras verbales como modo de comunicación. Las personas no hablantes a menudo conocen bien el lenguaje y el uso de las palabras y usan palabras para comunicarse en una gama de modos por escrito o auditivos que son posibles gracias a la tecnología asistida.

El lenguaje funcional está formado por lenguaje receptivo (entender lo que está siendo comunicado) y expresivo, (habilidad de hacernos entender), todo lo cual está bajo el paraguas de la pragmática social. El lenguaje funcional no es sólo palabras que decimos y escuchamos, sino cómo las decimos y oímos, cuándo, dónde, y a quién se las decimos y por qué las decimos.

Es comprensible que como personas verbales que somos, tendemos a enfocarnos mucho en lograr que los niños hablen. Para padres de niños que no hablan, a veces es una meta principal. Y, sin embargo, abordar el problema de manera indirecta puede ser la ruta más corta, incluso aunque parezca poco intuitiva. Cuando yo conocí a la terapeuta física de New Hampshire, Patti Rawding-Anderson, ella ofrecía grupos de comunicación social para niños del espectro autista. Me describió cómo los padres se preocupan de si darle a sus hijos no hablantes un lenguaje de signos o un sistema de ilustraciones, el niño no tendrá motivación para aprender a hablar. "Pero lograr que participen en su mundo es lo más importante," dice ella.

"Si les das un sistema de comunicación aumentado, un sistema de intercambio de ilustraciones (PECS), es un ejemplo, o cualquier cosa que les permita un sentido de exploración e independencia, y una manera *divertida* de tener éxito, encontrarás que seguirá la comunicación funcional después."

Exprésate de manera concisa: Di lo que quieres decir, que lo que digas signifique lo que quieres decir

En los Estados Unidos, el uso del idioma inglés durante las últimas décadas se ha vuelto cada vez más desastrado. Es un milagro que los niños con autismo nos puedan entender siquiera. Están obligados a evitar baches lingüísticos a cada paso que dan en la jornada:

- Escucha cualquier conversación informal y cuenta la cantidad de veces que escuchas a alguien diciendo "Y es como que…" cuando el hablante quiere decir: "Y dije…" o "Y va y hace, como que…" En vez de "Y entonces dijo…" El niño con autismo está pensando, *¿Va y hace? ¿A dónde va?*

- Escucha tu propio lenguaje. ¿Está poblado con formas verbales y locuciones extrañas y modismos?

- ¿Das por hecho que tu alumno entiende los homófonos? No lo supongas.

- Y luego está el habla no específica. No es justo decirle a este alumno, "Ve y búscalo" con una mirada por encima del hombro y esperar que él entienda que lo que quieres decir es: "Usa el atlas en la estantería de arriba para buscar la capital de Montana."

- Tu alumno autista tiene dificultades con inferencias sociales: "No has entregado tus deberes" es meramente la declaración de un hecho para ella. No entiende que estés esperando una explicación de ella, o que ella produzca los deberes. Ella necesita escuchar tu directa de manera positiva en lugar de imperativa. "Por favor coloca tus deberes de ortografía encima de mi mesa." No la hagas tener que adivinar o dilucidar lo que quieres que haga. Eso es prepararla para fracasar.

Llegados a este punto puede que te encuentres pensando lo duro que tendrá que ser vigilar tu lenguaje hasta estos extremos para poder comunicarte con tu alumno autista. Ahora empiezas a darte cuenta de lo incapacitante que es para ella lidiar con un mundo entero lleno de personas hablando sin parar a la velocidad del tren bala, quienes, para ella, alternan entre parloteo incomprensible y sinsentidos.

Sé claro acerca de lo que estés intentando enseñar. Y enseña sólo una cosa por vez

Comprueba tus materiales didácticos contra los desafíos del autismo, y puede que encuentres que a menudo confunden en lugar de definir o aclarar, haciendo imposible determinar exactamente lo que el alumno sabe o no sabe.

La necesidad de expresión concreta de tu alumno se extiende al reino de las palabras por escrito. El lenguaje impreso al que se enfrentan en los libros de texto, materiales didácticos y tests puede confundirles tanto como el parloteo verbal que escuchan. El siguiente pasaje, adaptado de mi libro *The Autism Trail Guide: Postcards from the Road Less Traveled*, ofrece un ejemplo claro:

Como madre de un alumno con autismo, me he vuelto precavida ante cualquier cosa con la palabra "estandarizado". Tests estandarizados, lecciones y hojas de trabajo, la mayoría exige modificaciones para poder ser adecuados para un niño con autismo. "¡Las matemáticas son horribles! (Math Suks! En inglés) canta Jimmy Buffett en su canción famosa.

Mi hijo Bryce podría estar de acuerdo, excepto que al mirar con más detalle, no es las matemáticas que son horribles (suk), sino el lenguaje confuso en el cual son presentadas a veces y del cual se espera que aprenda.

Aquí detallo un ejemplo de cómo una hoja de trabajo de matemáticas estándar constituye un laberinto de ambigüedad para el alumno con autismo. Es esclarecedor para quienes no se dan cuenta de la profundidad y amplitud de las dificultades lingüísticas al que se enfrentan tantos alumnos autistas. El ejemplo proviene de una hoja de trabajo que Bryce recibió el primer día de clase de un año. Casi le paralizó y no era porque no sabía sumar y restar. Era completamente competente en eso. Pero con sus retos moderados a severos en vocabulario, habilidad de inferir y habilidades para generalizar, la hoja de trabajo, indicada como hoja de matemáticas para 5 de básica, pero que usaba lenguaje de varios cursos más adelantados, era un campo de minas de lenguaje innecesario y poco claro que hacía imposible calibrar su auténtica competencia en matemáticas.

Sumas y restas

Instrucciones: Suma o resta para encontrar las respuestas.

Problema 1: El Colegio Eastland fue anfitrión de un día en el campo de juego. Los alumnos podían apuntarse a una variedad de eventos. 175 alumnos se apuntaron a carreras individuales. Veinte equipos de dos personas* compitieron en el relevo de la milla y 36 niños

---

* En inglés el ejemplo es: "Twenty two-person teams" y lo confuso es el guión.

participaron en el salto con pértiga. ¿Cuántos alumnos participaron en las actividades?

- "Los alumnos podían apuntarse a una variedad de eventos." Información innecesaria e irrelevante.

- "Veinte equipos de dos personas." Bryce leyó esto como lo leerían muchos alumnos de espectro autista, sin el guión: 22, no 20 x 2. Las instrucciones son "sumar o restar para encontrar la respuesta," pero el texto cambia en medio del problema y exige multiplicar dentro de la operación de sumar o restar. Instrucciones poco claras, la falta de coherencia son casi imposibles de seguir para muchos niños TEA.

- No sabemos cuántos alumnos "participaron" porque algunos "compitieron" y otros "tomaron parte", pero algunos sólo se "apuntaron."

- La hoja de trabajo está etiquetada para 5 cursos, pero el test de legibilidad Flesch-Kincaid clasifica este problema como de Curso 9.

El mismo problema re-escrito de manera apropiada para una persona con autismo, enfatizando las matemáticas y no el lenguaje, podría leerse así:

En el día de campo de Eastland School, 175 alumnos corrieron en las carreras individuales. Cuarenta alumnos corrieron en las carreras de relevo y 36 niños hicieron salto con pértiga. ¿Cuántos alumnos participaron en el día de campo?

Problema 2: Cada colegio recibió un trofeo por participar en las actividades de campo. El Club Booster había planeado comprar tres placas como galardones, pero sólo querían gastarse $150. El trofeo de primer lugar que seleccionaron era de $68. El galardón del segundo puesto era de $59. ¿Cuánto se tendrían que gastar en el premio de tercer puesto si se mantienen dentro de su presupuesto?

- En la primera frase, se hace alusión a un "trofeo". En la siguiente frase cambia a "placa", luego vuelven a mencionar "trofeo" y en la frase cuatro se convierte en "galardón." Todas se refieren a lo mismo, pero el problema de matemáticas ahora se ha convertido en un ejercicio de conocer sinónimos, oscureciendo las intenciones matemáticas

- El problema presupone un vocabulario de estudiante de octavo curso. ¿Cuántos niños saben lo que es un "Club Booster"? Un club de personas que necesitan sillines para bebés en restaurantes?

Empleo de lenguaje apropiado para autistas: Un grupo de padres tenía $150 para comprar trofeos para los equipos que terminaran en primer, segundo y tercer lugar. El trofeo de primer premio que seleccionaron era de $68. El del segundo premio era de $59. ¿Cuánto dinero quedaba para gastar en el trofeo de tercer lugar?

Para el niño con autismo, estos problemas no evalúan habilidades matemáticas, evalúan la habilidad para decodificar el lenguaje de una hoja estándar pobremente redactada para una población general, una hoja escrita para varios cursos superiores a la de la edad cronológica del alumno incluso para el curso pretendido.

Profesores, quiero que sepáis que me doy plena cuenta de que incluso en el caso en que sois capaces de comprender la magnitud de este problema, averiguar qué hacer al respecto puede ser sobrecogedor. Después de una sesión así con una de mis profesoras favoritas, ella dijo: "Entiendo completamente lo que me estás diciendo acerca del hecho de que él piensa de manera diferente. Para dar lugar a eso, puedo ver que tendría que cambiar todo en mis materiales didácticos para él. Francamente, no veo cómo voy a poder hacer eso. Tengo 150 alumnos. ¿Qué podemos hacer?"

El abordaje de ella era el correcto: trabajo de equipo en acción. Ella reconoció un problema grande y genuino y yo reconocí sus limitaciones de tiempo. La solución sugerida por ella era colocar a Bryce en una reunión a tres bandas y hacerle saber que los deberes se iban a interpretar según el espíritu y no la letra de los deberes, y que ella daba permiso para que mamá fuese el árbitro de eso. Podríamos escribir, podríamos dibujar, podríamos mirar en internet, lo que fuese capaz de hacer que la información fuese comprensible para él, y yo firmaría lo que hicieramos. Este enfoque tenía la ventaja adicional de animar a Bryce a pensar de manera flexible y muchas veces eso era lo más difícil y lo más útil, más que la tarea en sí. Por otro lado, la profesora modificó su método de evaluación para asegurarse de que él era capaz de comunicar lo que sabía. Por el camino, la terapeuta del habla del colegio participaba en las tareas especialmente difíciles, usando sus sesiones con Bryce para descomponer las cosas en piezas comprensibles.

Puedes acabar por agradecer a tu alumno autista por llevarte a examinar tus materiales escritos con más detalle. Podemos seguir usando materiales durante bastante tiempo que nos parece que están funcionando hasta que un día recibimos evidencias sorprendentes de que no están funcionando. Estoy pensando en una hoja de trabajo de ciencias sociales con el que nos topamos en el cual se le pedía a los alumnos que ubica en la URSS, en un mapa del siglo XXI. Bryce se deshizo intentando encontrar una república que había dejado de existir antes de que él hubiera nacido. Suponiendo un nivel de conocimiento previo, que él sabría que la mayor parte de la ex URSS ahora se llama Rusia, es tan injusto con cualquier alumno como lo es materiales pobremente redactados.

Mas allá de las palabras

Al enfocarse tanto en los componentes hablados de la comunicación, es fácil no darse cuenta de los aspectos menos concretos de la comunicación social que son, lo admito, más difíciles de enseñar. Debido a que nuestros alumnos TEA viven el lenguaje en su formato más concreto, necesitan mucha guía y una cantidad de práctica aún mayor para ir más allá de su concepto del uso del lenguaje meramente como una herramienta para obtener información o que se resuelvan necesidades. El gran alcance de la *intención comunicativa* no se encuentra automáticamente presente en la conciencia de los niños autistas. Estos matices complicados de la comunicación van más allá de la dicción y el vocabulario: que las personas usan palabras para consolar, alabar, entretener, pero también para provocar miedo, vergüenza, y engaños.

A la edad de tres años, mi hijo Connor entraba a tropel en casa de sus abuelos con el saludo de "Camiones Graaandess!" A la edad de cuatro años el saludo estándar de Bryce era "¡Tengo un dinosaurio!" Sus profesores de preescolar, usando ejemplos y guia suave a diario, les hizo saber que nosotros decimos "Buenos días" cuando llegamos a clase o vemos a alguien por primera vez en la jornada. Ese es el comienzo de las pragmáticas sociales, el uso social del lenguaje, y para el alumno con autismo, las cosas se complican. Preguntar, saludar, negociar, protestar, instruir, estas tienden a ser tareas verbales o expectativas. Más allá de ese nivel está el reino de la sutileza, inferencia y comunicación no verbal con todo su explosivo potencial para la mala interpretación y la desdicha social.

Existen tres categorías amplias de las comunicaciones sociales, todas las cuales son campos de minas para tu alumno autista.

Comunicación vocálica: Ella no reconoce las sutilezas del habla verbal: sarcasmo, bromas, modismos, indirectas, habla coloquial, abstracciones. Puede que hable de manera monótona o puede que hable demasiado alto, demasiado bajo, demasiado deprisa o demasiado lento.

Comunicación kinestésica: Ella no entiende el lenguaje corporal, expresiones faciales o respuestas emocionales (llorar, recular). Puede usar gestos o posturas de manera inadecuada o no darse cuenta de la intención comunicativa del contacto de la mirada.

Comunicación proxémica: Ella no entiende la comunicación del espacio físico, las normas sutiles territoriales de las fronteras personales. Puede ser una "invasora de espacio" sin darse cuenta. Las reglas de proxémica no sólo varían de cultura en cultura sino de persona en persona dependiendo de la relación: ¿Íntimo?, ¿Informal pero personal? ¿Sólo socialmente? ¿Espacio público? Para muchos niños con TEA descifrar las proxémicas require a menudo un nivel imposible de inferencia.

Alumno ve, alumno hace

Tu alumna que se orienta visualmente depende de tí para modelar las clases de conductas y respuestas que quieres ver en ella. Muestra, además de decirle, lo que esperas de ella, y hazlo repetidas veces y con paciencia de una manera que tenga sentido para ella.

Y, por encima de todo, muéstrale un respeto básico. Cuando esté enfadada, alterada, incómoda o emocional o sensorialmente desbordada, no va a ser receptiva para aprender. ¿Lo estarías tú, incluso como adulto? Si, durante estos momentos usamos voces, desprecio, irritación, acusación y/o castigo, lo único que le vamos a enseñar acerca de las comunicaciones funcionales es que el lenguaje se puede usar para infligir daño.

Enseñar esta abrumante, pero rica complejidad del lenguaje y la comunicación no puede ser algo que se delegue únicamente en el terapeuta del lenguaje (si el alumno tiene la suerte de contar con tales servicios). Tampoco podemos meter en compartimentos la enseñanza de habilidades del lenguaje separadas de habilidades sociales. Son inseparables y omnipresentes y esto significa que hay un desafío en cada momento del día, sí, pero también la oportunidad presente a cada vuelta y en cada situación. La enseñanza de lenguaje funcional requiere un esfuerzo conjunto, todos los profesores en el círculo de aprendizaje, trabajando para ir moviendo al alumno hacia una meta que le cambiará la vida: lograr la comprensión de que el lenguaje en su forma más básica hará más que sencillamente hacer que se satisfagan sus necesidades. En su forma más gloriosa y elevada, le dará a ella el poder para definirse como desea que los demás la perciban y asumir el lugar que ella desea por derecho ocupar en el mundo.

Capítulo seis

Enséñame por entero

Soy mucho más que un conjunto de piezas
rotas o ausentes.

"La totalidad es más que la suma de sus partes."

La mayoría de nosotros reconoce el famoso dicho de Aristóteles. Pero él fue más allá diciendo: "educar a la mente sin educar al corazón no es educación." Aristóteles, filósofo y científico entendió esta inevitable conexión entre todas las partes que nos conforman. Dentro de esta interconexión se encuentra el potencial para una armonía elevadora o una discordancia que rompa el alma, dependiendo de cómo funciona cada parte en relación con las demás.

Y como "partes" es con demasiada frecuencia cómo algunas personas perciben a nuestros alumnos autistas. Nos enfocamos en los síntomas o características del autismo hasta tal grado que perdemos de vista al niño como un ser holístico. Un niño con autismo no es un motor averiado que haya que repartirse y reparar, con el terapeuta del habla arreglando la parte que habla y la parte sensorial a cargo del terapeuta ocupacional. Un terapeuta físico trata la parte motora en bruto. Esta parte va al especialista en comportamiento y esa otra parte va al psicólogo y el dietista yo así sucesivamente. Todas estas disciplinas son piezas de valor incalculable del rompecabezas entero. Pero a menos que se integren de forma activa unas con otras, pueden incluso escalar los obstáculos que estamos intentando eliminar. "No debemos tratar a los niños de manera terapéutica". Es más importante ayudar al niño a ver las interrelaciones que hay entre las personas en su vida y construir sobre esas relaciones, dice Patti Rawding-Anderson, "llenar su mundo con adultos que están todos intentando hacerle algo. ¿Qué mensaje le manda al niño? Más importante que la terapia, lenguaje y cognición es ayudar al niño a que vea la interrelación que hay entre las personas en su vida y construir sobre esas relaciones en diversas situaciones. Si un niño se siente conectado, tendrá la motivación interna que necesita para perseguir las otras cosas."

> No debemos tratar a los niños de manera terapéutica. Es más importante ayudar al niño ver las interrelaciones que hay entre las personas en su vida y construir sobre esas relaciones.

Cuando no creamos esa conexión para el niño, uno de los riesgos más graves que corremos es confundir la obediencia con el aprendizaje. Puedes lograr que el niño ejecute ciertos comportamientos o aportar ciertas palabras en ciertas situaciones. Pero si no se tratan las razones nucleares por los comportamientos originales, o hacerle saber la función y utilidad del lenguaje y la comunicación, el niño permanece sin un contexto significativo. Y el contexto es todo.

Ya hemos visto cómo el discurso es sólo uno de los muchos componentes de la comunicación, la repetición de memoria de los modales no es equivalente a la comprensión social e intentar cambiar el comportamiento sin considerar los detonantes subyacentes biomédicos, sensoriales o emocionales es sencillamente no ver el cuadro completo. Por lo tanto, nunca será una respuesta completa, nunca va a resultar en un niño completo o un adulto capaz de hacer mucho más que las expectativas básicas de la sociedad. Puede que hayas apagado el fuego, pero en su lugar lo que hay son charcos opacos.

El éxito que tengamos en enseñar al niño como totalidad tiene mucho que ver con nuestra propia cultura de discapacidad. Proveedores de servicios como Patti Rawding-Anderson trabajan con un amplio espectro de familias y profesores, y estos profesionales te dicen que es

Todas los seres humanos tienen personalidades innatas; tu alumna también tiene aspectos de su individualidad que se manifiestan de manera separada de su autismo.

casi inquietante como los individuos que llegan a ellos en busca de ayuda acaban por decantarse en dos bandos distintos. Si preguntas en los dos la misma pregunta: ¿Qué te gustaría que yo supiera sobre tu alumno o niño? En el primero están los profesores y padres que dicen: "¡Este niño es tan listo y tiene tanta energía! Le encanta estar al aire libre y tiene muchos conocimientos en la cabeza. ¿Cómo podemos ayudarle a apaciguarse y enfocar mejor para que pueda disfrutar más con sus compañeros de clase?" En el otro bando oímos: "Este niño es perturbador y presta poca atención. Siempre está haciendo ruido, liándola, saliéndose de su asiento y hablando cuando no es su turno. Necesita controlarse."

Está claro cuál de estas actitudes es más niño entero, qué profesor va a construir la relación más exitosa de profesor-alumno y qué alumno va a ser el que aprenda con más éxito y finalmente sea el adulto más exitoso.

Ya nos hemos dado cuenta de la complejidad y la naturaleza del espectro del autismo. Puede que sea más fácil ver al niño como una totalidad en tu alumno autista si miramos más allá de lo que es el autismo para mirar igual de detenidamente en lo que no es el autismo.

- **No todo lo que ella hace es a causa de su autismo.** Todas las personas tienen personalidades innatas; tu alumna también tiene aspectos de su individualidad que se manifiesten de forma aparte de su autismo. Los niños con autismo no son los únicos que afeitan al gato o comen comida de perro como un reto mientras que rechazan la "comida de verdad." La pasión que ella siente por correr, leer, la entomología o freidoras de aire no son necesariamente consecuencias del autismo. Ambas son aspectos de un niño en desarrollo que está forzando límites por un lado y descubriendo sus propios valores por otro. El autismo puede que afecte el grado en que se manifiesten estos comportamientos pero no siempre es la razón por los mismos.

- **También estará teniendo lugar un desarrollo natural y típico.** Durante sus años escolares desde el preescolar y pasando por la educación básica, Bryce se ganó una reputación constante como un trabajador alegre e incansable. Así que me sorprendió cuando una profesora de instituto me dijo, sin ánimo de ser cruel, que él "era quisquilloso y se queja todo el rato." Cuando yo le repetí el "halago" en casa, él sonrió y me replicó: "¡Sí, lo hago! ¡Soy un adolescente!"

La profesora sabía que su comportamiento era parte de su adolescencia, no del autismo. También no es extraño que un adolescente tenga más preocupación por la opinión de un compañero de clase que la de un profesor. Bryce llegó a casa un día más sosegado poco después de esa conversación de lo quisquilloso y quejica y me preguntó si me acordaba de Jessie (no su nombre real), una compañera de clase cuya familia se había mudado unos años antes. Sí que me acordaba de ella como una niña agradable, así que me

> **Destaca las cosas en común, no sólo las diferencias que muchos niños con autismo comparten con sus compañeros.**

alegré por Bryce cuando él me contó que ella había vuelto a nuestra ciudad y estaba de vuelta en alguna de las clases de Bryce. Él titubeó un momento, y luego me dijo: "Ella dice que he cambiado. Dice que antes yo era agradable pero que ahora soy un poco amargado." ¿Pensaba él que eso era cierto? "Sí," reconoció él, "supongo que lo es a veces." Pero yo podía ver los engranajes girando en su mente. Quizás el adolescente estereotípico amargado es una manera divertida de tratar a un profesor. Pero quizás no sea la mejor personalidad con la que presentarse ante una compañera simpática. Poco después de este incidente volvió a aparecer el Bryce de buen carácter.

Como su profesor: Destaca las cosas en común, no sólo las diferencias que muchos niños con autismo comparten con sus compañeros.

- Tienen sueños de futuro. La mayoría aspira a las facetas normales de la independencia adulta: un trabajo interesante, una casa y dinero propio, un círculo social que les funcione. Muchos de ellos conducirán, votarán, vivirán con una esposa o esposo o pareja, serán padres.

- Disfrutan del humor y la diversión. Si crees que tu alumno autista no tiene sentido del humor, considera lo subjetivo que es el humor. Los estadounidenses a veces creen que el sentido del humor británico es raro y a la inversa. Las personas más mayores no se sienten divertidas por humor que gusta a personas más jóvenes. El humor está en el ojo de quien mira. Tu alumno con toda seguridad tiene sentido del humor. Puede que no sea igual que el tuyo o el de sus compañeros. ¡Qué oportunidad más buena para poder considerar otro punto de vista!

- Pueden y serán amistosos y sociables, a su propia manera adecuadamente calibrada. La marcha estudiantil de primero de curso o el ajetreo del desfile de Halloween puede hacer que tu alumno autista se desborde, pero el grupo de Lego de tres personas o un equipo de dos personas para hacer castillos de arena puede que sea justamente lo que necesite.

- Pueden pertenecer. Es cuestión de ajustar el encuadre. Expectativas de equipo tales como el baseball, el baloncesto, aprender diálogos en una obra de teatro o tocar en una banda como solista puede que les desborde, pero hay muchas maneras de ser parte de un equipo sin la presión de todo el mundo mirándote en tu ejecución personal. Los equipos de natación y atletismo son generalmente más orientados hacia lo personal que los deportes de grupo. Cantar en el coro, pintar el escenario para la obra de teatro de la clase o tomar fotos en encuentros de colegio son actividades para que todos puedan disfrutar. Oportunidades de voluntariado como son protectoras de animales y bancos de alimentos atraen al niño a un mundo más amplio.

- Tienen sentimientos. Tener una comunicación abierta con un niño autista sobre los sentimientos y las emociones puede ser difícil. La conversación en general puede ser difícil para ellos, y más todavía puede ser su habilidad para identificar y articular emociones para los cuales todavía quizás no tengan vocabulario para describirlas (aun en el caso si los adultos a su alrededor piensan que lo deberían tener). Que no puedan mostrar o comunicar sus sentimientos no significa que no experimenten la galaxia completa de emociones humanas. Si vamos a ayudarles a reconocer, empatizar e identificar los sentimientos de otras personas, se debe empezar por validar por nuestra parte que los mismos sentimientos se encuentran alojados en ellos.

- Ellos quieren gustar y tener amigos, como casi todo el mundo. Si alguna vez has deseado hacer o aprender algo, pero sencillamente no sabías por dónde empezar, entenderás dónde se posiciona el niño con autismo. La comunicación social requiere un conjunto complicado de habilidades. Muchos alumnos TEA no han recibido enseñanza de estas habilidades y por lo tanto no las tienen, lo cual no es lo mismo que no querer tenerlas.

Como su profesor: Reconoce cuando se necesita ayuda externa o un enfoque nuevo o cuando el colegio o el profesor, con todo lo mucho que hayan intentado (o no), sencillamente no encajan bien. Esto es donde el equipo tiene que considerar al niño en su totalidad en la escena total, dejar los egos a un lado y las cosas que "deberían ser", y tomar decisiones que son para los mejores intereses del niño.

En una cultura en la cual se nos acribilla constantemente que "¡Nunca te rindas!", dar un paso hacia atrás ante ese ego puede ser duro. Felizmente, he tenido a estas alturas suficiente experiencia de primera mano en hacer eso de manera que puedo ver el valor y los resultados sorprendentes de soltar las cosas. Reconocer cuando un miembro del equipo o un programa en concreto o enfoque no puede aportar los servicios adecuados y necesarios para este alumno en concreto no es un fracaso, es la esencia pura de colocar las necesidades del niño por delante. Cuando se hace con el verdadero ánimo de querer que el niño tenga éxito, es valiente. "¿Nunca rendirse?" Tal como consideramos en el Capítulo Dos, la vida en el espectro autista a veces dictamina que el enfoque más fuerte y sabio sea "soltar o ser arrastrado."

Dejar que alguien con un conjunto de habilidades mejores y un rasero limpio (sin historial de fracaso) lidie con la situación puede ser justo lo necesario. Yo atravesé un proceso fallido durante años de intentar enseñar a Bryce a aprender a montar en bicicleta. Resultó ser un microcosmos para muchas lecciones de enseñanza de niño completo y exploraremos eso en más detalle en el Capítulo Nueve. Pero aquí te puedo decir que el final feliz de esta historia tenía todo que ver conmigo concediendo que no era la persona correcta para enseñar esta habilidad y contra más me esforzaba, menos éxito tenía. Nuestra profesora de educación física adaptada, Sarah Spella, se ofreció para hacerse cargo de esta tarea y lo logró en menos de una hora.

El componente crítico fue que yo fuese capaz de dejar de lado mi ego. Quizás debí de haber sido capaz de enseñarle a Bryce a montar en bicicleta, le había enseñado a su hermano a una edad típica. Pero con Bryce yo había llegado al punto en el cual aceptar ayuda externa era el único escenario que tenía sentido. Mi fracaso no iba a ser mi falta de éxito en enseñarle a montar en bicicleta, sería no mirar más allá de mi ego para buscar los recursos para lograr el objetivo.

Hace falta valor e iniciativa, dice Sarah, para poder decir: "Creo que mi alumno o niño puede hacer esto, pero no soy la persona correcta para enseñarle. Puede que no le esté enseñando de la manera que necesita aprender."

Bryce aprendió a montar en bicicleta porque todas las expectativas inconscientes se habían eliminado. A solas en el gimnasio con

Sarah, estaba a salvo de las miradas de los niños del vecindario que podrían a burlarse de sus ruedas de apoyo, lejos de una madre que sabía que había enseñado exitosamente a un hermano mayor a una edad más temprana, lejos del espectro de las otras bicicletas en el garaje, listas para las vacaciones anuales, lejos de tener que preocuparse por "ser valiente" si se caía.

"Sé consciente de toda la información que los niños obtienen acerca de sí mismos del entorno," me dijo Sarah. La vara de medir nunca está lejos del niño, bien sea en forma de una expectativa oral, "¡sigue intentándolo!" o esas expectativas no habladas que les rodean, como ver a niños más pequeños hacer lo que ellos todavía no pueden hacer. Como profesores y padres-profesores, parte de nuestro trabajo es reconocer cómo el encuadre educativo está afectando al niño, como puede estar impidiendo el aprendizaje y cuando ha llegado el momento de cambiar.

Respetar a tu alumno TEA como un todo complejo pero completo, tiene que ser un concepto tan circular como todos los demás que hemos comentado en este libro: niño entero, profesor entero. Acepta y respeta tu propio esquema temporal de desarrollo. "Pensemos en las secuencias de desarrollo del niño," dice Patti Rawding-Anderson, "pero los padres (y profesionales) también atraviesan un esquema de desarrollo temporal. No naces con las habilidades y conocimiento para ser padre o profesor de un niño con desafíos. Es un proceso paralelo que sigues con el niño. Demasiados 'sistemas' no toman en cuenta esto, la necesidad de nutrir tu propio desarrollo mientras construyes una relación con el niño entero."

La totalidad es más que la suma de sus partes. Hoy tenemos una palabra nueva para el axioma de Aristóteles: la sinergía, de la palabra griega *sunergos*, que significa "trabajar juntos." Sólo cuando nos llega al corazón y ponemos en práctica esta sabiduría que tiene ya 2.300 años, podremos decir de verdad que no hemos dejado atrás ninguna parte de este niño.

Capítulo Siete

Ten curiosidad

... ten mucha curiosidad.

"La curiosidad es la base absoluta de la educación
y si me cuentas que la curiosidad mató al gato, yo
sólo puedo decir que el gato murió con nobleza."

— Arnold Edinborough

De entre varios miles de años de conocimiento que la humanidad
ha acumulado sobre el funcionamiento del cerebro humano, el
autismo es el chico nuevo en el barrio. La palabra *autismo* no existía
antes del trabajo del Dr. Leo Kanner en 1943. Todos podemos
reconocer que hay aspectos del autismo que siguen siendo un
laberinto para nosotros. También podemos reconocer que cada uno
de nosotros hace frente a lo que no entiende a su propia manera.
Algunas personas abrazan lo desconocido como un potencial
colectivo, una manera para llegar al conocimiento y un desafío

emocionante. Otras evitarán semejante misterio, viéndolo como un caos que abruma.

Estoy pensando que la mayoría de las personas que eligen ser docentes, se encuentran el primer grupo: personas que aprenden de por vida, buscadores de conocimientos que se sienten cómodos aceptando una cantidad concreta de riesgo. La mayoría de los maestros que yo conozco, consideran a sus alumnos autistas con un verdadero deseo de enseñarle a este niño a veces enigmático y tener un impacto positivo en su vida. Nosotros los padres podríamos decirle a nuestros mejores profesores que encendieron un fuego (metafórico) bajo nuestro niño. Pero, ¿cómo encender una chispa en un niño que de manera externa parece remoto, distante, imposible de conocer?

En tu papel como activador de fuego, y para tu alumno y tú como equipo, la curiosidad es tanto el pedernal como el carburante. Pensar de manera inquisitiva, ese interminable espíritu de preguntar, forma la base de cualquier progreso humano. "¡Las mentes que preguntan quieren saber!" nos grita el viejo anuncio de los periódicos amarillistas. La mayoría de los niños pequeños abrazan esto. Preguntan y preguntan y preguntan acerca de su mundo, a veces agotándonos con sus preguntas (como debe ser). El más curioso de mis dos niños me preguntó: "¿Los pedos tienen peso?, ¿La barriga de la mujer es redonda porque tiene un bebé creciendo dentro de ella? ¿Cómo se tragó al bebé? ¿Por qué no se caen las personas en el fin del mundo? ¿Si una naranja se llama naranja, por qué un plátano no se llama un amarillo? Si el champú es de color verde o morado o naranja, ¿por qué las burbujas siempre son blancas? ¿Un esqueleto es una persona?

¿Sabías que Albert Einstein dijo: "Es un milagro que la curiosidad sobreviva a la educación formal"? Si yo fuese una educadora, me tiraría de cabeza a recoger ese guante. Pero tu alumno autista puede que nunca haya tenido esa curiosidad típica de los niños para perderla. El ejercicio de la curiosidad puede requerir asumir riesgos, ese abandonar el camino trillado de forma figurativa, cambiando lo que tienes en la mano por algo que todavía se desconoce. Esa es una petición demasiado grande para algunos alumnos autistas; el mundo que ellos experimentan puede ser literalmente (dadas sus disfunciones sensoriales) y de manera figurativa demasiado irregular para considerar semejante atrevimiento.

Niños no autistas en desarrollo típico, con una independencia emergente, tienen más libertad para darle gusto a sus naturalezas naturalmente curiosas. Sin estar abrumados por el infierno de una docena de modalidades sensoriales trastornadas, de manera sin esfuerzo procesan lo que les llega de manera simultánea y son capaces de relacionarse con personas que piensan más o menos como ellos, encuentran

Sin una base de curiosidad, su mundo será un lugar carente de esa lluvia de chispas cerebrales que hacen que aprender sea una experiencia tan dinámica.

que muchas de sus experiencias son estimulantes, divertidas o útiles. Son capaces de lidiar con las pequeñas heridas y cardenales en las rodillas y los sentimientos porque el saldo que reciben por su inversión en curiosidad paga dividendos que valen la pena.

Ya he sugerido en este libro, y que no haya ninguna duda, que para tu alumno con autismo el mundo no es a menudo un lugar encantador. Aunque ella puede que acumule unos conocimientos enciclopédicos en una o dos áreas de su interés, puede que no tenga ningún sentido maravillarse o preguntar que le haga querer explorar cada animalito, mineral, verdura que se cruce en su camino.

Para ella, la balanza puede que no se decante hacia las experiencias positivas. Ella está trabajando duro sólo para mantenerse erguida y colocar un pie delante del otro en un fino camino que ya está lleno de trampas de raíces de árbol y socavones.

Sin una base de curiosidad, su mundo será un lugar carente de esa lluvia de chispas cerebrales que hacen que aprender sea una experiencia tan dinámica.

Con demasiada frecuencia, las experiencias nuevas la hacen perder en vez de ganar. ¿Tener curiosidad? dice ella: Ya hay suficiente que esté tirando de mí y empujándome para perder el equilibrio. ¿Por qué iba a ofrecerme para más turbulencias?

Para esta alumna, el arte de hacer preguntas puede que sólo venga después de unos ánimos sostenidos y práctica. Para ella será especialmente difícil las preguntas de "Me pregunto" que le exigen mucho más que una respuesta directa. Pero sin una base de curiosidad, su mundo será de dos dimensiones y sin esa lluvia figurativa de chispas cerebrales que hace que el aprendizaje sea una experiencia tan dinámica, una y otra vez.

Más que nunca, ella necesite que apeles a todo lo que te hizo ser maestro en primer lugar: para inculcar la emoción del descubrimiento, quedarse plenamente hechizados por la vastedad del conocimiento y todas las posibilidades que representa.

Cuando Bryce era muy pequeño, yo no podía animarle a tener curiosidad por el personaje de "Curious George". No solo rechazaba a George sino casi todos los libros para niños, y eso me hizo volverme intensamente curiosa y empecinada en encontrar la manera de llegar a él. Finalmente lo logré, a él no le gustaban los cuentos de animales antropomórficos o adultos que se comportaban mal (él lo decía luego de manera literal y correcta que el Hombre de Amarillo era un cazador furtivo y un padre negligente, siempre dejando a George solo en situaciones en las cuales era seguro que iba a tener problemas). Bryce quería relatos sobre niños humanos o animales comportándose de manera natural, ilustrados con fotografías en lugar de arte abstracto.

Hizo falta una cantidad heróica de prueba y error en la curiosidad, pero aprendí a remover su curiosidad acerca de experiencias nuevas, a base de entrar por la puerta trasera de sus intereses. Se resistió a nuestros viajes anuales a la huerta de manzanas hasta que le dije que podría empaparse con el agua de los surtidores de riego (le encantaba cualquier juego de agua) o podría lanzar manzanas podridas contra los troncos de los árboles (creaba un sonido chulo y parecía vómito). ¡Todos ganamos!

> *Recuerda* que el autismo es una ecuación abierta, una que nunca debe terminar con nosotros diciendo que el niño ha alcanzado "el límite de sus capacidades."

Finalmente, su transición potencialmente traumática al colegio de educación básica fue suave como la mantequilla, porque tenía un profesor inherentemente curioso. Este profesor dijo: "Quiero conectar con él. Me gustaría que me hiciera una lista de todas las películas que haya visto, para que podamos hablar de toda clase de temas. Y, por favor, dime qué funcionó con él en el pasado. Cuénteme cualquier cosa sobre él que pienses que es importante que yo sepa."

Sí que requiere un esfuerzo e iniciativa para tener la curiosidad suficiente como para adentrarse en la manera autista de pensar y procesar para hacer que tu alumno tenga curiosidad.

La tarea será más sencilla si eliminas cualquier y toda presunción preconcebida que puedas tener acerca de tu alumno, quizás ni siquiera de forma consciente. ¡Nunca supongas nada! Suponer sin datos respaldándote sólo son adivinanzas y las nociones preconcebidas ahogarán tanto tu curiosidad como la de tu alumno de manera tan segura como el famoso corto de *Bambi vs. Godzilla*. Un viejo proverbio dice: "Quién enciende un fuego en otros brillará por sí mismo." Para encender la curiosidad:

- *Recuerda* que el autismo es una ecuación abierta, una que nunca debe terminar con nosotros decidiendo que el niño ha alcanzado "el límite de sus capacidades."

- *Olvida* usar tácticas de enseñanza no alineadas con el estilo de procesado y aprendizaje del niño: *Pregúntate* lo bien que han funcionado las estrategias que siempre has usado con alumnos no autistas van a funcionar o no en la estructura del autismo. Debes estar dispuesto a cambiar lo que siempre has hecho.

- *Recuerda* que enseñarle a este niño carente de curiosidad el amor por aprender en sí mismo es mucho más imperativo que cualquier dato que quieras que aprenda.

- *Olvídate* de las comparaciones con otros alumnos, incluso otros alumnos autistas. Este alumno ocupa su propio lugar singular en el espectro autista.

Recuerda que el autismo es una ecuación abierta, una que nunca debe terminar con nosotros diciendo que el niño ha alcanzado "el límite de sus capacidades."

Al incitar a que tengamos curiosidad y que no supongamos nada, nuestro niño puede iluminar las cientos de maneras en que podemos equivocarnos con suposiciones aparentemente benignas:

Si no entiendes por qué no lo capto, hazte la pregunta "me pregunto..." Puede que yo desconozca o no entienda las reglas o la razón de la regla. ¿Estoy infringiendo la regla porque hay una causa subyacente? Sé que no debo levantarme de mi silla sin permiso, pero puede que he intentado una y otra vez buscar tu atención y he fracasado. ¿Tus reglas son contradictorias? Se supone que no debemos comer en clase pero tú entregas caramelos cuando hacemos bien la prueba de ortografía, ¿así que por qué no puedo sacar mi manzana de la mochila?

Puede que haya escuchado tus instrucciones pero no las he entendido. O quizás lo sabía ayer pero hoy no me acuerdo. Mi memoria rutinaria es buena pero mi capacidad para recordar información aleatoria, no es buena. ¿Estás seguro de que yo sé cómo hacer lo que me estás pidiendo? ¿Te preguntas por qué yo de repente tengo que ir corriendo al baño cada vez que se me pide hacer un ejercicio de matemáticas? Quizás no sé o temo que mi esfuerzo no sea lo suficientemente bueno o no sé cómo pedir ayuda o sencillamente no puedo soportar más vergüenza delante de mis compañeros de clase. Necesito que estés a mi lado durante todas las repeticiones de tareas y habilidades que necesite hasta que me sienta capaz. Puedo aprender y aprenderé, pero necesito más práctica que otros niños.

Sé que quieres que aprenda datos y habilidades, pero antes de poder hacer eso, necesito aprender a sentirme a gusto con el proceso de aprendizaje en sí mismo.

Y si no sabes todas las respuestas a mis preguntas o preguntas sobre mí, es un buen ejemplo para mí el decir: "No lo sé, pero me enteraré." Se me ha dicho que buscar ayuda de alguien que sabe más que yo es la marca del alumno listo. ¿Así que no sería la marca de un profesor listo también?

Busca en tus viejas habilidades infantiles. Pregunta y pregunta y pregunta, pregúntale al terapeuta ocupacional, incluso aunque el problema no parezca ser sensorial o motor. Pregúntale al terapeuta del habla incluso aunque no parezca relacionado con el habla (un terapeuta del habla me dijo que para hasta el 80 por ciento de los niños que han sido identificados con problemas de aprendizaje, esas dificultades están basadas en el habla). Pregúntale a tu alumno mismo, incluso aunque pienses que no podrá darte las respuestas. Pregúntale invirtiendo la pregunta original o encuadrando la pregunta en una pregunta de verdadero-falso y déjale responder de cualquier manera que sea significativa para él. *Ten curiosidad* para preguntarle a compañeros de clase y hermanos, porque no sabes lo que pasa en el baño, la taquilla, el jardín de detrás de casa y cualquier otro lugar en este vasto mundo cuando el niño está fuera del alcance de la escucha de los adultos y no le pueden ver, y las percepciones del niño pueden ser llamativas. Haz las preguntas de "me pregunto" y pregúntale a la gama de profesionales, para profesionales, miembros de familia, cuidadores y otros niños. Aquí es donde el aprendizaje circular puede subir a su nivel más alto y donde el trabajo en equipo es más eficaz.

"*¿Me pregunto...?*" Un enfoque tan empoderante que sugiere muchas más posibilidades que meramente preguntar "¿qué?". ¿Te puedes imaginar a nuestro niño y su compañero de lecturas, profesor o miembro de familia o niño, con sus libros y sus preguntas, sus compinches aprendiendo, suavemente forzando sus límites? * Es tan llamativo y tan apropiado que la palabra "wonder" tiene dos significados: 1) Preguntarse y 2) Maravillarse.

---

* En inglés la palabra usada "wonder" es a la vez preguntarse y maravillarse o asombrarse. N.T.

Capítulo Ocho

¿Puedo confiar en tí?

Los valedores y defensores son de tipos tan variados como lo es la condición humana. Nosotros tuvimos muchos, pero atesoro particularmente el recuerdo de la que animó mis esfuerzos al grito de "¡Estupendo, colega!", australiana de nacimiento, Nola Maureen Flanagan Shirley (ese es mi nombre úsalo al completo) dijo, fue una de las personas más influyentes en la vida de Bryce. Conocimos a Nola en el Capítulo Uno; ella fue la paraeducadora de Bryce durante tres años. Luego se convirtió en miembro de nuestra familia y yo de la de ella. Su relación con Bryce era puro karma: Los dos llegaron al colegio Capitol Hill el mismo día de 1997, ambos asignados a una aula nueva de desarrollo de preescolar. Se marcharon el mismo día de 2004, ella a su jubilación y él al colegio de educación básica. Nos quedamos paradas en la acera delante del colegio juntas, allí por última vez en una tarde de junio y yo pensé: *Parece tan mayor desde ese primer día y ella está exactamente igual. ¿Cómo funciona eso?* Sin tener tiempo para ponderar, él vuela por la acera, los faldones de la camisa ondeando en la brisa. No está huyendo de nosotras, está corriendo alegremente y con seguridad para descubrir la siguiente fase de su vida.

Durante los años en que Nola guió a Bryce, me escribía todos los días en un cuaderno de comunicación escuela-casa, así que yo pensé que tenía una buena idea de lo que era la vida cotidiana en la clase para Bryce. Unos años más tarde, con la perspectiva de la retrovisión, tuve una creciente curiosidad acerca de la construcción de los cimientos que ella había construido para él. Durante una larga conversación en su porche trasero, le pregunté cómo era que había tenido tanto éxito con Bryce. "Eso es bastante sencillo," dijo ella. "Él confió en mí."

Eso es bastante sencillo. Él confió en mí.

¿No es eso un oxímoron? Es una declaración sin complicaciones, pero para la mayoría de las personas, la confianza es seguramente una de las relaciones más complicadas y arriesgadas entre las personas. Para una persona con autismo, lo es aún más. ¿Cómo había creado Nola esa confianza?

"Confió en nosotros porque no le dijimos que tenía que hacer algo; le enseñamos las cosas buenas que podían pasar si lo hacía."

La respuesta de ella: "Bryce confió en nosotros porque no le dijimos que tenía que hacer algo, le enseñamos las cosas buenas que podrían pasar si lo hacía." Aprendió que hacer lo que se le pedía tenía consecuencias que él disfrutaría.

"Y nunca le pedí que hiciera algo que no estuviera haciendo yo misma," agregó ella. "Bien fuese mezclar pinturas, ir de excursión o recoger después del experimento de ciencias, adulto y niño, lo hacíamos juntos."

Una y otra vez durante la mañana en ese porche soleado, nuestra conversación versaba sobre ese núcleo de confianza, como un bumerang.

Y bumerang es la metáfora adecuada,

"Confió en nosotros porque no le dijimos que tenía que hacer algo; le enseñamos las cosas buenas que podían pasar si lo hacía."

Una herramienta australiana "diseñada para volver a la persona que lo lanza," según el diccionario. ¿Qué recogía ese bumerang en sus viajes antes de volver de manera elíptica a ella?

Respeto.

Los ladrillos de la confianza de Bryce con Nola estaban formados por el respeto sin fisuras de ella hacia él y la manera en que él veía el mundo. Cada demostración de respeto fortalecía los cimientos del equipo bajo ellos dos. El resultado fue un niño con seguridad en sí mismo que era capaz de aventurarse fuera de ese mundo del ser, intentar nuevas experiencias, crecerse ante desafíos sociales y académicos, y asumir riesgos calculados a pesar de los obstáculos que presentaba su autismo. El mapa de la jornada de Bryce era un mapa guiado por el respeto de Nola por la necesidad de él de:

La confianza es la base del aprendizaje, no un extra añadido

- Previsibilidad y rutina

- Sentir que él podía elegir, no estar acorralado o que le mandasen.

- Señales visuales

117

- Espacio personal y un acomodo ante su defensiva táctil y otros problemas sensoriales que interferían con su aprendizaje.

- Tiempo extra para aclimatarse o prepararse para una tarea o actividad potencialmente difícil.

Nuestro alumno con autismo seguramente no sabe nada de la filosofía francesa o René Descartes y su "pienso, luego soy." Pero si pudiera parafrasear, podría decir::

Confío, luego puedo.

La confianza es el cimiento del aprendizaje, no un extra añadido. Tu alumno autista tiene que interactuar hora por hora con un mundo que a menudo no entiende su manera de pensar y procesar sus acciones y sus reacciones. Es probable que haya perdido la candidez de los pequeños que permite a la mayoría de los niños no autistas confiar en personas con autoridad sin preguntárselo mucho. Es posible que haya tenido ya más que unos pocos encontronazos con adultos que en palabras de Jennifer McIwee Myers, "intentan usar la humillación o vergüenza en público para 'enseñarles una lección'. Tenemos demasiado de eso. La única lección que se aprende es que no podemos fiarnos de tí."

Una cantidad inconsciente de la educación contemporánea se basa en unidades medibles de conocimiento académico. Es demasiado fácil perder la pista de los inmedibles, los cimientos valiosísimos de no sólo confianza, sino respeto, aceptación y bondad. Estos forman la base no sólo del aprendizaje con éxito, sino para la vida exitosa. La construcción de esas unidades medibles de conocimiento académico encima de esta base no deben reemplazar o ser puestos por delante de esos cimientos.

Jennifer, que nos aportó una visión inquebrantable de una profesora cuya actitud inflexible generó odio en vez de aprendizaje, nos aporta una perspectiva infantil opuesta pero igualmente sorprendente sobre un profesor que logró que ella confiara en él y que le causó un impacto enorme en su vida:

> Nuestra clase era en la biblioteca del colegio, y se suponía que estábamos trabajando en nuestras redacciones. Yo, sin embargo, estaba rebotando de las paredes. Con todos los niños trabajando de forma independiente, la biblioteca era demasiado caótica para que yo me "apaciguara."

> Esta debió de ser la enésima vez que mi comportamiento había sido hiper y no apropiado. Mi profesor, el Sr. Rhine, me pidió que saliera un momento al pasillo con él. Luego hizo algo sorprendente.

> Primero, me explicó que mi comportamiento estaba distrayendo e irritando a los otros alumnos, y estaría bien que no les molestara mientras estaban trabajando. *Yo no sabía esto hasta que él me lo dijo.* Luego me dijo que sabía que yo era muy capaz de escribir la redacción, pero también sabía que yo realmente no podía apaciguarme y era incapaz de estudiar en la biblioteca con los otros alumnos. Y entonces me preguntó: ¿qué podría hacer él por ayudarme? ¿Qué necesitaba yo para poder trabajar?

> Yo no lo sabía sinceramente. Sólo sabía que cuando teníamos que trabajar todos de manera "independiente", yo me volvía loca. No podía saber lo que decirle.

No importaba que yo no supiera qué pedir. Lo que me importaba a mí era que en lugar de gritarme o regañarme, reconociera que no entendía por qué me comportaba como lo hacía y no sabía cómo ayudarme.

Después de años y años de que me dijeran que estaba siendo un problema a propósito, que no tenía motivación y era una alumna fracasada, finalmente tener un profesor que reconociera que no sabía qué pasaba era la cosa más maravillosa del mundo.

Él fue sincero en lugar de arrogante. En vez de proyectar flojera y falta de motivación en mis acciones, reconoció su confusión. Y como yo también estaba confusa por mi propio comportamiento, yo podía empatizar y entender su malestar.

Nunca averigüé qué pedirle, pero daba igual. *Habría gateado por cristales rotos por ese hombre.* Se preocupó sinceramente y no me vilificó por comportamientos que yo no podía controlar. Seguí teniendo bastantes problemas en el colegio, pero hice lo mejor que podía por él.

Mis comportamientos "problemáticos", siempre fueron cosas relacionadas con la falta de perspicacia social, temas sensoriales y grandes cantidades de ansiedad y miedo. La mayoría de los profesores añadían a mi ansiedad, miedo y miseria, etiquetándome y estresándome con sus suposiciones hostiles. El Sr. Rhine no hizo eso. Fue el mejor profesor que tuve.

Al igual que Jennifer, yo también aprendí pronto que un sincero "No entiendo por qué hace esto, pero averigüémoslo" era mucho más constructivo que "Podría hacerlo si quisiera." La primera respuesta surge del respeto y voluntad de aprender, la segunda, de la arrogancia, una fundamental falta de comprensión de los trastornos del espectro autista y una fatal falta de curiosidad. Es la diferencia entre: "Este niño me está causando problemas. ¿Cómo puedo hacer que deje de hacer lo que está haciendo?" y "Este niño está teniendo dificultades. ¿Cómo puedo ayudarle?"

He aquí un ejemplo: Siento vergüenza ajena cada vez que oigo a un adulto, profesor o padre, decirme que este niño no debe recibir atención especial porque eso no sería justo para con los otros niños de la clase, o el resto de la familia. Primero, un acomodo basado en necesidad neurológica no es un tratamiento especial. ¿Ampliamos el tratamiento especial al niño que tiene que llevar gafas para ver? Segundo: el concepto de "justo" que tantos adultos conciben es una trampa cuando se aplica al niño con autismo. Esta explicación de lo "justo" en mi libro *Ten Things Every Child with Autism Wishes You Knew* es algo que muchos lectores me agradecen más frecuentemente:

> "Lo justo" es uno de esos términos vagos e imprecisos que pueden ser muy perplejos para nuestro niño. Él no piensa en términos de justo o injusto, pero sí que sabe que está teniendo dificultades en equilibrar sus necesidades con las reglas. Como padres, profesores o preparadores, generalmente pensamos que "justo" significa imparcial, igual, equitativo sin sesgo. Las reglas familiares, las del colegio son aplicables para cada hermano, alumno o jugador en equipo por igual. Pero el autismo "desnivela" el campo de juego. Lo llena de baches. Todas las cosas no son iguales. Así que nuestro pensamiento sobre el tema de lo "justo" debe cambiar": Aquí se describe:

"Lo justo" no significa que todo sea absolutamente igual.

"Lo justo" es cuando todo el mundo consigue lo que necesita.

Un dibujo popular en internet ilustra esto de forma indiscutible. Hay tres niños viendo un partido de baseball desde detrás de una cerca. Uno de los niños es lo suficientemente alto como para mirar por encima de la cerca sin ayuda. Los otros dos no. A uno se le da una caja pequeña para estar de pie. El niño más pequeño recibe una caja grande en la que ponerse de pie. Ahora los tres pueden ver por encima de la cerca. No recibieron el mismo tratamiento, pero lo que recibieron hizo que fuese posible que todos pudieran ver el partido de manera igual. Lo que cada uno recibió fue lo justo.

Echa una buena ojeada al espejo con esto. Si somos sinceros con nosotros mismos, "sin tratamiento especial", es a veces una tapadera para, francamente, flojera por nuestra parte o una desgana de reconocer que no sabemos lo que tenemos que hacer. Y a veces es sencillamente cruel. Una vez escuché decir a una madre que se negó a dividir su masa de galleta en dos partes, una con frutos secos y la otra sin ellos, porque "no iba a dar atención especial" a su hijo autista. Él le había dicho que los frutos secos eran como piedras en su boca y tenía miedo de morderlos, pero los frutos secos en las galletas le venían bien a ella, y si él quiere una galleta con suficientes ganas, se los comerá con los frutos secos. Tiene que aprender que no puede tener las cosas a su manera, es a manera de ella o ninguna. ¡Nada de "tratamiento especial" para su hijo!

Si cada momento es un momento de aprendizaje, ¿qué aprendió a esperar de su madre este niño?

Si una madre puede o no puede dar lugar a una legítima preferencia basada en lo sensorial es un microcosmo de todo el tema

122

de empoderar a nuestro alumno autista a base de respetar sus diferencias, desarrollar su habilidad para poder hacer elecciones y conseguir que sus necesidades se vean colmadas de manera positiva. Si esas dinámicas de relación están ausentes, la confianza no puede crecer. Realizar buenas elecciones es una habilidad de todo o nada para la vida. El niño con autismo tiene que desarrollar esta habilidad al igual que cualquier otro niño, pero él tiene que recorrer una distancia sin ni siquiera llegar al punto de partida. Las habilidades de toma de decisiones eficaces sólo se pueden enseñar en un ambiente de confianza y empoderamiento. Y al igual que cualquier otra habilidad, la competencia viene con la práctica, y mucha práctica. Nuestro alumno puede que nos dé este consejo:

Ofreceme opciones reales, y sólo reales.

- No me ofrezcas una opción o preguntar una pregunta del tipo "¿Quieres…?" a menos de que estés dispuesto a aceptar una negativa como respuesta. "No" puede ser mi respuesta honesta a la pregunta: "¿Quieres leer en voz alta ahora?" o "Te gustaría ser compañero de William en el laboratorio de ciencias?" Me cuesta trabajo fiarme de tí cuando las elecciones que me ofreces no son verdaderas opciones.

  Das por sentado la cantidad de opciones que tienes a diario. Siempre eliges una opción por encima de otras sabiendo que tener opciones y poder elegir te da control sobre tu vida. Para mí, las opciones son mucho más restringidas, lo cual puede ser la razón por la cual me sea más difícil sentir confianza en mí mismo. Dáme oportunidades para elegir, siempre que puedas, para que yo pueda ensayar tomar decisiones e involucrarme más en las actividades, personas y el mundo que me rodea.

- Si puedes cambiar un "tienes que hacer" por una opción de elegir, yo puedo aprender más rápido. Puede ser tan simple como, en vez de decir: "Escribe tu nombre y la fecha en la parte superior de la hoja", si dijeras "¿Te gustaría escribir tu nombre primero o escribir los números primero?" o, "¿Qué te gusta escribir más, letras o números?"

- Mantén tu lado del acuerdo una vez que yo haya elegido. Cambiar quince minutos de tiempo delante del ordenador a cinco porque vas tarde o cambiar la elección en medio de la actividad (como decir, "oh, mira, hagamos esto en vez de eso.") apaga mi confianza en tí. En mi manera autista concreta, un trato es un trato. Eso es para los dos.

- Darme elecciones me ayuda a aprender, pero también necesito entender que habrá veces en las cuales no puedas. Cuando sucede esto, no me sentiré tan frustrado si entiendo el por qué:

  - "No puedo darte a elegir porque es peligroso. Puedes hacerte daño."

  - "No puedo darte esa opción porque sería malo para Danny (tendría un efecto negativo en otro niño.)"

  - "Te doy muchas opciones, pero esta vez tiene que ser una elección de personas mayores."

Esta vez tiene que ser una elección de personas mayores. ¿Elegiremos invertir en el esfuerzo por construir la confianza como precursor del aprendizaje y las expectativas? ¿Vamos a respetar y honrar el "feedback" verbal y de comportamiento que recibimos de nuestro alumno autista como algo legítimo y válido y actuar de manera consecuente? ¿Vamos a reconocer que si nos negamos a elegir, eso de hecho se convierte en la elección? Profesores, no puedo darte esta elección porque sería malo para Danny.

¿Y si esto se convierte en nuestra nueva consigna: Nos fiamos de la confianza. Puedo confiar en tí?

Capítulo Nueve

Creer

Empecé a escribir este capítulo como una exploración de lo que significa creer en un niño, para inculcar y nutrir una actitud de seguridad en el poder hacer las cosas en un alumno, y en Nosotros como enseñantes-adultos. Todavía es eso, pero la comunidad autista adulta ha hablado con más fuerza en años recientes, con un mensaje que es el fracaso de

Mucho antes de que un niño autista entienda lo que quieres decir con "Creo en tí," necesitará entender y les hará falta escuchar "te creo."

la sociedad en general de creerles cuando relatan sus experiencias como autistas como un obstáculo principal en su capacidad para integrarse completamente en la comunidad como seres auténticos, capaces, valiosos y productivos.

Mucho antes de que un niño autista entienda lo que quieres decir con "Creo en tí," entenderá y le hará falta oír "te creo."

125

Uno de los relatos más conmovedores que se haya escuchado en uno de mis grupos de mesa redonda provino de una abuela cuyo nieto había sido enviado a casa por un tema de "comportamiento" y se negó a hablar con su madre o con cualquiera que no fuese su abuela. ¿Por qué? Porque él le dijo: "Nadie me escucha. Nadie me cree."

Él había intentado comunicar que habían abusado de él. Cuando nadie dio un paso al frente para ayudarle, él había tomado represalias. Él, no el abusador, había sido castigado por su comportamiento. Su abuela llamó ese día Una Lección en Escucha para todos los involucrados.

Muchos niños y adultos autistas dicen que uno de los aspectos más difíciles de su autismo es que nadie les cree. Sean temas sensoriales, situaciones sociales, retos motores o cognitivos, con demasiada frecuencia la respuesta es una negación.

Es repugnante.
No, no lo es, es saludable.

No lo pillo. No sé hacer esto.
Pon más empeño

No entiendo lo que estás diciendo.
¡Mírame a la cara y escúchame!

Es demasiado luminoso/fuerte/raro/frío.
No, no lo es, así que espabila (aguántate, pon la espalda recta, aguántate).

Como el niño en el relato anterior ilustró tan hábilmente, creer que nuestro punto de vista es el único creíble, es una manera segura de asegurarnos que una comunicación, solución de problemas y aprendizaje significativos no va a tener lugar.

Si alguna vez has empezado una frase con "Creeme…" (¿y quién de nosotros no la ha oído alguna vez?), no debe ser difícil ponerse en el lugar de un niño que quiere que se le crea pero no puede dar por sentado, como hacemos muchos, de que ella será creída. "Nunca subestimes el poder y la influencia de validar a un niño," escribió uno de mis lectores de Facebook que de mayor se hizo educadora.

"Fui a tres colegios distintos en primer curso porque tenía una madre que creyó en mí y luchó por encontrar el mejor entorno para mí."

Pero otra madre expresó su reticencia en creer a pies juntillas a los niños autistas porque no siempre se comunican de manera "auténtica". Cierto, eso puede suceder a veces, pero aprender a comunicarse de manera auténtica (una palabra subjetiva), es un proceso de por vida de refinado constante, se sea autista o no. Tenemos que empezar por inculcarle al niño que vamos a escuchar respetuosamente lo que nos quiere comunicar sea de la manera que sea y luego seguir. Si un niño me dijera que llegó en unicornio al colegio, yo nunca diría: "No, no lo hiciste. Los unicornios no existen." Yo diría: "Vaya, nunca he visto un unicornio. Tengo curiosidad, ¡cuéntame más!" Luego le escucharía y le haría preguntas exploratorias que me ayudarían a entender qué me está intentando comunicar y por qué de esta manera. La comunicación indirecta no es necesariamente una falta de autenticidad.

Las cicatrices de no creer en nuestros niños, pueden durar toda la vida. Desde una distancia de muchas décadas, Jennifer M\cIlwee Myers cuenta su experiencia temprana en primaria:

> La cosa extraña (e increíblemente frustrante) para mí era que los profesores se negaban a creerme cuando yo realmente no tenía razón por la que mentir y no estaba haciendo nada mal. En segundo de primaria en clase de salud, se nos

enseñó que necesitábamos tragar nuestra comida antes de beber un trago para evitar atragantarnos (???). Yo le dije a la profesora en privado que no lo podía hacer. Yo no era capaz de tragar comida sin beber un trago de líquido.

¿La respuesta de ella? "Oh, yo creo que sí que puedes. Creo que necesitas hacer un pequeño esfuerzo."

Todavía no puedo comer sin usar una bebida para tragar cada bocado. Nunca lo he podido hacer. Y tampoco pude convencer a esa profesora de que no le estaba mintiendo o siendo vaga. Ella era la profesora más popular del colegio, tanto con los alumnos como con los profesores. Todos los estudiantes incluída yo, la adorábamos. Pero ella no podía aceptar diferencias oral-motores como una posibilidad. Ni creía que los temas senso-riales eran verdad.

Ese fue el año en que aprendí que no había literal-mente ningún adulto en que confiar o apoyarme. Una y otra vez me encontré con que cada persona y todas creían que ellos sabían lo que yo pensaba, sentía y experimentaba mejor que yo y sencilla-mente pasaban de cualquier cosa que yo dijera al contrario. Ser autista significaba vivir en un mundo constante de luz de gas.

No era tanto una lucha por el poder sino una incapacidad de entender que las personas varían unas de otras de maneras raras y alocadas. Era igual que cuando le dije que a veces no podía oírla o verla cuando estaba leyendo (debido a un hiper enfocamiento) y ella no me creyó. Por otra parte, los profesores generalmente se alteraban porque yo "tercamente les ignoraba", cuando me enfrascaba en las cosas. Sencillamente carecían de la imaginación suficiente como para entenderlo.

El umbral de creer a tu alumno y creer en él, no siempre es una línea clara, pero sí que existe para cada niño, irrespectivamente de su habilidad o situación en la vida. La actriz Reese Witherspoon estaba espectacular en su vestido "vintage" de Dior cuando aceptó su Oscar como Mejor Actriz en 2005. Su discurso de aceptación también debería lograr un estatus "vintage": "Me siento tan bendecida por

> **Cuando te pones a pensar en todas las cosas que este niño no puede hacer, recuerda añadir una de las palabras más potentes que tenemos: "todavía."**

tener a mi madre y a mi padre aquí. Y sólo os quiero dar las gracias por todo. Daba igual si estaba haciendo mi cama o haciendo una película. Nunca titubearon en decir lo orgullosos que estaban de mí. Y eso significa tanto para un niño."

Creo en creer. Casi todos los niños, sean cuales sean sus habilidades, tienen el potencial para lograr más de lo que pueden sugerir los estereotipos sociales, y casi todos los niños tienen la habilidad para hacer más de lo que son capaces hoy. Al ayudarles a construir la fe en sí mismos, esa es la vara de medir que importa más importa. Por eso, cuando te pones a pensar en todas las cosas que este niño no puede hacer, recuerda añadir una de las palabras más potentes que tenemos: "todavía." Es tan simple como preguntarnos, ¿qué hace este niño ahora que no era capaz de hacer el año pasado por estas fechas?

En el capítulo anterior hablamos sobre la confianza como el cimiento de la relación profesor-alumno. La vía rápida para construir esa confianza es alimentar y comunicar tu creencia de que este niño es capaz, de aprender, de hacer y de ser.

Numerosos adultos autistas me han dicho que, cuando eran niños, podían percatarse de mucho más de lo que podían comunicar, y la cosa número uno que podían sentir era si un adulto pensaba si ellos "podían hacerlo." Esperar demasiado poco era tan desanimante como esperar demasiado. Los que irán más lejos, dicen ellos, son los que tenían profesores que creían que el autismo no impone límites inherentes aparte de su propia voluntad de estirarse como profesor y que saben que deben guiar, no meramente señalar, el camino hacia los límites lejanos del potencial de un alumno.

Al igual que el aprendizaje, como la conducta, como la comunicación y confianza, creer es circular. Va en ambas direcciones, en todas las direcciones. Y para bien o para mal, según las acciones que eliges, es contagiosa. Cuando comunicas tu fe sin fisuras a tu niño o alumno, le animas a creer en tí también. Esa creencia en tí es lo que le dará el valor y el ímpetu para probar experiencias desconocidas, un paso muy difícil para muchos niños autistas. Para nosotros, fue una marcha larga con una paciencia férrea, pero Bryce sí logró llegar a un punto en el cual creía tanto en mí como para abordar cosas nuevas, fiándose de que yo no le enviaría a una situación en la cual tuviera poca probabilidad de éxito o disfrute.

Adoptar una verdadera creencia en tu alumno no debería ser tan difícil, dada la voluntad de la raza humana por creer en aquello que no puede ver todavía. La mayoría de las religiones se basan en esa clase de fe y la literatura está llena de momentos así. ¿Quién de nosotros ha experimentado *Peter Pan* sin sentirse partícipe de la desdicha de Campanilla que morirá a menos que creamos en ella? En el memorable musical de *El Rey y Yo*, el rey regaña a sus hijos, criados en Siam, un lugar tropical, por no creer en la descripción de la Sra. Anna de la nieve. Ella intenta apaciguar la situación recordándole que los niños nunca han visto la nieve. "¿Nunca la han visto?" dice él. "Si sólo creen en lo que ven, ¿para qué tenemos el colegio?" ¡Desde luego!

Mi camino para lograr el estatus de una Verdadera Creyente empezó con una profesora: Sarah, la profesora de educación física adaptada que conociste en el Capítulo Seis. Sarah se esforzó tanto en recorrer distancias con Bryce como para que fuese una maratón, pero su logro más llamativo fue enseñarle a montar en bicicleta. Yo había estado luchando durante dos años intentando enseñarle. "Yo le enseñaré," dijo ella. "Lo haré en mi hora de comer." Llevamos su bicicleta al colegio y la guardamos en un armario del equipo de gimnasia bajo llave. Ella tardó menos de cuarenta y cinco minutos, tres sesiones de quince minutos. En una conversación posterior varios años más tarde, yo le pregunté a Sarah si la experiencia de aprendizaje de Bryce con la bicicleta era típica de un niño autista.

"No sé," dijo ella. "Bryce es el primero. El único en realidad." "¿Primero y único qué?" Le pregunté perpleja..

"Primer y único niño con autismo al que le enseñara a montar en bici." "¡No!" Dije yo, incapaz de *creer* lo que me decía. "¿Dónde están los demás?", "No están montando en bicicleta."

Ella volvió a su mantra sobre la creencia. "No era un tema de la bicicleta. Tú creíste que Bryce iba a ser capaz y le inculcaste esa creencia," dijo ella. "Él quería hacerlo por sí mismo, pero también lo quería hacer por tí. No todos los padres y profesores tienen esa fe en el niño, y el niño se percata de eso."

Ella me habló durante una hora ese día, y aunque era profesora de educación física, muy poco de lo que ella dijo tenía que ver con habilidad física o habilidades motoras. "Todos los niños con los que he trabajado tienen un sentido innato de si los adultos en sus vidas les creen con capacidad," me dijo. Unas cuantas sesiones de media hora a la semana con un especialista sólo puede ser un suplemento, no compensar un sistema de creencias en el hogar y en la clase.

Existen muchas razones por las cuales los profesores y padres-profesores pueden perder un poco de fe en el camino de la creencia. A veces es un asunto de no estar informados correctamente o tener desconocimiento sobre el autismo y el potencial que tienen los niños autistas. Pero una razón que escucho con sorprendente frecuencia es que tanto los padres como los profesores se quedan atascados en un proceso de aflicción, incapaces de tener una comprensión honesta acerca del rango de la discapacidad del niño a la vez que puedan reconocer las fortalezas del niño. Puede que no lo llamemos aflicción y puede que no parezca o se sienta como una aflicción típica y puede que ni siquiera seamos conscientes de ello. Pero eso es exactamente lo que es si:

- Ponemos tope a nuestras expectativas con pensamientos como "nunca va a hacer eso."

- Nos aferramos a nuestra decepción sobre lo que pensamos que nunca va a lograr en lugar de celebrar las cosas en las que va muy bien y animarlas con todas nuestras ganas.

- Sentimos vergüenza o impaciencia con los comportamientos y hábitos del niño que pueden parecer extraños en el mundo no-autista.

- Persistir en la idea de que el niño está eligiendo ser combativo, vago o retraído en lugar de reconocer que él piensa y experimenta su mundo físico y social de manera diferente, y se enfrenta al trabajo complejo de sonsacar los detonantes sensoriales, del entorno o bioquímicos.

La aflicción siempre tiene que ver con la pérdida y si no se limita a las relaciones personales, puede aplicarse a pérdidas profesionales y percibidas también. La depresión, negación e ira son todas partes del procedimiento de aflicción y es natural que nos retraigamos conscientemente o inconscientemente de aquello que se percibe como un fracaso. Seamos profesor o padre, es difícil reconocer estas cosas acerca de nosotros. Pero es el primer paso para liberarnos de ello.

La fórmula del éxito de Sarah funciona con cualquier tipo de aprendizaje: La repetición cría la familiaridad. La familiaridad cría seguridad en sí mismo. La seguridad aporta creencia. La creencia aporta la acción.

Que lo llames habilidad, discapacidad o habilidad diferente, eso es sólo parte de la imagen. Las semillas del éxito de un niño están dentro de tí. Aquí indicamos cinco cosas importantes que puedes hacer para inculcar creencia en tu alumno autista.

1. Más allá de meramente creer en tu alumno, actuar en base a eso es lo que hace que pasen las cosas. Busca de manera activa y colócale en situaciones en los cuales va a experimentar éxito. Busca oportunidades en los cuales ella puede dirigir de forma cómoda, u ofrécele funciones importantes de apoyo en cosas que se le da bien, tales como organizar tareas para un evento escolar detrás de las bambalinas o leer un libro favorito a alumnos de una clase más pequeña. ¿Recuerdas el relato de Jennifer McIllwee Myers sobre la profesora que se negó a aprovechar el interés de ella en diccionarios? Esa fue una oportunidad perdida llevada a un grado vergonzoso.

2. Si eres padre, eres maestro también. Involúcrate. "No caigas en la mentalidad de pasar tu niño a alguien, bien sea seis horas al día o cuarenta y cinco minutos en una actividad extraescolar" dice Sarah. Juega con tu niña, llévala a lugares, lee con ella y para ella. Fíjate en cómo hace las cosas; intenta ver cómo aprende y donde necesita ayuda. Trabaja sobre cómo

puedes descomponer tareas que son un desafío en piezas más pequeñas para ella. *Ten curiosidad* por ella.

3. Involucra a la familia, amigos, gente en el colegio, todas las personas en el mundo del niño. Cuanto más refuerzos tenga el niño, más progresará y más dejará a otras personas entrar en él. Bryce se quedó sorprendido y luego encantado cuando sus profesores asistieron a sus competiciones de natación y actuaciones en el teatro de la comunidad. Dos de sus amigos se unieron a su equipo de baseball después de enterarse de ello gracias a nosotros.

4. Permite a tu alumno o niño a que sea lo que ella es, lo cual puede no ser lo que tú esperas. Hay que repetirlo: En los casos en que las expectativas son demasiado altas eso puede hacer que a la niña no le gusten las cosas que tú deseas para ella. Cuando las expectativas son demasiado bajas, los dones y talentos pasan desapercibidos.

5. Tira a la papelera cualquier listado o gráfico sobre el crecimiento o logros de desarrollo que te dé tu pediatra, vengan en libros o sitios web. Son irrelevantes para tu alumno autista. Todo niño, independientemente de su habilidad o discapacidad va a crecer y desarrollarse a su propio ritmo. "No es hacer algo de una manera concreta o en un orden específico," dice Sarah: "Los niños prosperan si se les nutre y si su manera de hacer las cosas se tiene en cuenta de la mejor manera."

Como docentes y padres-profesores, lo que queremos para nuestro alumno se puede describir seguramente con un vocabulario corriente. Procedimiento positivo y resultados positivos. Movimiento hacia delante además de crecimiento lateral. Lo que tenemos que preguntarnos es esto: En hechos y pensamientos, ¿lo que estamos haciendo ahora va hacia esas metas o no? ¿Lo que creemos de este niño y si esa creencia nos aporta movimiento que beneficia al niño o no? Todo el movimiento es relativo, si nos quedamos parados, encontraremos que cualquier meta que teníamos para el niño o nosotros mismos como profesionales y padres, se desplazará cada vez más lejos.

En algún momento de mis aventuras de hace mucho tiempo como alumna de colegio de primaria, un profesor me dio una copia del poema para niños de Walter Wintle: "Pensar," que comienza diciendo:

> Si piensas que te han vencido, lo han hecho.
> Si crees que no te atreves, no lo haces.
> Si te gustaría ganar pero crees que no puedes.
> Es casi seguro que no ganarás.

Algunas personas pueden considerar que el poema es trivial para los estándares de hoy, pero yo era una niña y resonó en mí (incluso en aquel entonces, yo automáticamente sustituí la palabra "hombre" por la de "mujer" en mi mente). Empezó a surgir en mi conciencia con mayor frecuencia una vez que yo tuve hijos y especialmente cuando me di cuenta de que mis hijos iban a tener que enfrentarse a una cuesta en la vida más escarpada que la mayoría. Llegué a apreciar lo poderoso que la palabrita de "Si" es como cualificadora. Pero la elección era mía bien si fuese una de constreñimiento, como en "si" "y" y "pero" o una de posibilidades como el poema de Wintle.

No tienes que llamarlo creencia. Puedes llamarlo convicción, positividad, o profecía autocumplida. Lo puedes llamar como quieras. Pero en el mundo super exagerado, super competitivo, todo medido hasta el milímetro, de llevar todo al siguiente nivel, darle una puntuación a todo, sociedad de tener que tener, tener que hacer, yo tuve que darle algo a mis hijos que fuese más real, más duradero, algo que les daría raíces durante nuestra vida juntos y al mismo tiempo darles alas cuando llegara el momento para que ellos se aventuraran solos, bien sea una semana o una vida. Como había hecho mi profesor treinta y cinco años antes, yo les dí el poema de Wintle:

Las batallas de la vida no siempre las gana el hombre más
fuerte o más veloz.
Tarde o temprano, el que gana es el que cree que puede hacerlo.

Capítulo Diez

Enséñame a "pescar"

Considérame un adulto capaz y conserva esa visión.

Uno de los mejores golpes de suerte fue la geografía del distrito escolar que nos hizo tener a la Profesora Christine como la primera profesora de educación especial de Bryce. Aún antes de que mi cabeza dejara de dar vueltas a causa de la identificación inicial del autismo, incluso antes de que yo empezara a aprender qué era el autismo, ella me dijo claramente todas las cosas que no era el autismo: No era algo de lo que avergonzarse, no era una condena ni era un reflejo de mi manera de ser madre y por encima de todo, no era un estereotipo. "No se dedican a dar golpes en la pared con la cabeza," dijo ella. "Son algunos de los niños más listos que conozco. Podría doler la palabra *autismo o autista* aplicada a tu niño, entiendo eso. Pero la etiqueta es una manera de lograr los servicios. Quieres los servicios porque él es potencialmente un adulto independiente."

Un adulto potencialmente independiente.

Con esas tres palabritas, yo supe cuál era mi meta a largo plazo: dejar este planeta sabiendo que Bryce estaría bien sin mi.

Me vino a la mente el viejo proverbio chino: "Dále un pescado a un hombre y le alimentas durante un día. Enséñale a pescar y le alimentas toda la vida."

Tendría que enseñarle a mi hijo a pescar. Iba a requerir de mí mucho más que guiarle al río alegórico y lanzar el anzuelo en el agua. Igual que tuvo que aprender a andar antes de correr, iba a necesitar convertirse en un alumno independiente, niño y adolescente antes de llegar a ser un adulto autosuficiente.

El camino hacia la edad adulta independiente empieza por enseñarle a nuestro alumno o hijo cómo lidiar de manera independiente, la máxima cantidad de su "trabajo", ser un estudiante, posible, inculcándole los hábitos y habilidades que le permitan hacer la máxima cantidad de cosas él solo con enseñanza paciente de profesores y padres.

Vale la pena diseccionar esa directiva: *Paciente*: porque tu alumno autista puede requerir innumerables repeticiones de una habilidad antes de que sea competente en hacerla. Y tiene dos cosas en contra, porque, al contrario que sus semejantes, puede que tenga muchas menos oportunidades para practicar esas habilidades. Es nuestra responsabilidad como maestros y padres-maestros, crear las oportunidades adicionales que necesita, y además tener la paciencia durante el proceso, sin importar el tiempo que tarde. *Enseñanza*: instruirle y guiarle, no interceptarle y hacerlo por él en nombre de ayudarle, porque la meta es que lo haga él mismo. Y de manera implícita en la responsabilidad de enseñar es que lo hagamos de una manera apropiada para su estilo de aprendizaje.

La importancia de la promoción de la independencia no se puede recalcar más. Muchos profesores son padres también, ellos entienden el estrés temporal en el cual operan la mayoría de las familias. Pero bien sea los deberes o la organización personal, las presiones del momento impedirán a tu alumno aprender a ser independiente a la larga. Si le guardas las cosas en la mochila y luego se las sacas todos los días, ¿cómo va a aprender la importancia de ser organizados, saber dónde están las cosas cuando se necesitan, cómo encontrar cosas o información? Lo mismo vale para preparar su bocadillo escolar, completar los dos últimos problemas de matemáticas, salir de casa a tiempo, o subirle la cremallera del abrigo. Yo soy madre y entiendo que a veces por la mañana y por la noche, parece más rápido hacer las cosas por él. Pero aprender a organizar su tarea y su tiempo, siendo capaz de gestionar su propio cuidado personal, ropa, agenda y dinero y aprender a usar toda clase de implementos son las habilidades que le van a aportar autonomía y sólo aprenderá esas habilidades a base de repetición persistente.

Enseña relevancia

Nuestro alumno autista seguramente te dirá que los problemas de matemáticas presentados sin contexto no parecen tener sentido. Ella pregunta: "Me pregunto… ¿en qué me es útil esta habilidad? ¿Me enseña si tengo o no dinero suficiente para la compra hoy y cuál es la diferencia entre una cucharilla de café y una cuchara sopera si quiero hacer un pastel?* ¿Por qué necesito saber cómo escribir "exponencial" en una lista de palabras sin saber lo que significa? Necesito saber palabras que me ayuden a conseguir cosas que necesito o deseo. ¿Y qué si puedo situar Estonia en un mapa del mundo. Necesito ser capaz de encontrar la biblioteca en un mapa de mi ciudad.

---

* En el mundo anglosajón para cocinar se emplean medidas como cucharadas o tazas de algo en lugar de gramos. (N.T.)

Incluso en nuestro excelente colegio, hubo momentos en que casi lloré de frustración ante la total irrelevancia del currículo aplicado a mi hijo. En la primaria, a Bryce le dieron instrucciones de principiante sobre cómo hacer búsquedas en internet. Yo me animé mucho a saber eso hasta que vi la hoja de prácticas que le dieron. Le habían asignado buscar cosas como quién ganó el Grammy a mejor cantante femenina el año en que él nació y en qué año España y Portugal firmaron el Tratado de Tordesillas. Ninguno de estos datos tenía la más mínima relevancia para él. Puedes imaginarte el efecto en su interés por aprender esta habilidad (que nos parece casi tan fácil como respirar hoy pero no lo era entonces): más plano que una cerveza vieja. Sin la habilidad de poder generalizar esta habilidad (Capítulo Tres en acción), se perdieron muchos meses hasta que él se dio cuenta de que el internet era una gran fuente de información que le interesaba y le ayudaba. El sentido de la lección original había sido introducir una habilidad computacional. Qué poco habría costado modificar esa tarea para hacerle buscar algo funcional o relevante para él, tal como qué parques tienen carril bici, cómo iba a estar el tiempo ese fin de semana o la biografía de un autor favorito. *¡Funcional!* era mi mantra en las reuniones de profesores y padres. ¡Yo quiero *funcional*! Que no tiene por qué ser aburrido.

Lo divertido es el comienzo de lo funcional. Todos los niños, incluido tu alumno autista, aprenden con más ganas si es divertido. Lo divertido es la puerta que se abre para explorar, explorar es la puerta a la motivación y la motivación es la clave del aprendizaje. El ingrediente en común de la motivación y la diversión es la relevancia. En el camino hacia la independencia, tu alumno aprenderá cualquier habilidad más deprisa si, y posiblemente, solo, si lo haces relevante a su vida e intereses. Piensa en tí mismo en tu propio trabajo y lo mucho que te desagrada el papeleo, las tareas innecesarias, reuniones aburridas. Con una cantidad de tiempo y energía limitados, todos queremos que nuestros esfuerzos sean aplicables a nuestras metas. Tu alumno autista no es distinto en eso.

Ahora hemos gastado un libro entero comentando cómo piensan, procesan y experimentan el mundo físico y social que les rodean los niños autistas. Pero llegados a una comprensión más clara de ellos, nos recordamos de nuevo que este niño entero se desarrollará de muchas maneras al igual que los niños típicos no autistas. La necesidad de habilidades de vida independiente es universal para todos nosotros que deseamos vivir de manera auto-suficiente como adultos, y el hecho de que un niño tiene autismo no nos exime de la obligación que tenemos de enseñarle esas habilidades. Nos dicta que esas habilidades sean enseñadas de una manera comprensible de la manera de pensar autista del niño.

Identificamos y eliminamos las barreras sensoriales y del entorno en la enseñanza, enseñamos con un lenguaje adecuado y comprensible para ellos, descomponemos las tareas más grandes en piezas más pequeñas. Les enseñamos a ser funcionales en su autismo, no a ser replicas de niños "típicos". Jennifer McIlwee Myers aconseja: "Por favor, no intentéis que seamos "normales". Preferimos mucho más ser funcionales. Es difícil ser functional cuando tienes que usar todo tu tiempo y energía en prestar atención para no dar golpecitos con el pie." Ser aceptados, valorados, cómodos y felices consigo mismos es el derecho del niño autista como el de cualquier otra persona.

> **Enseña a tu alumno a ser funcional dentro de su autismo, no a ser réplicas de niños "típicos." Ser aceptados, valorados, cómodos y felices consigo mismos es el derecho del niño autista como el de cualquier persona.**

Enseñamos los intangibles esenciales, como ser un amigo para tener amigos. Enseñamos que nadie es perfecto, que "error" es otra palabra para decir "probemos otra vez." Guiamos a nuestros hijos para que entiendan que nadie es telépata y que hacer preguntas no sólo es una manera de conseguir información, sino que es una manera de conectar con la gente también.

Enseña a tu alumno a ser funcional dentro de su autismo, no a ser réplicas de niños "típicos." Ser aceptados, valorados, cómodos y felices consigo mismos es el derecho del niño autista como el de cualquier persona.

Enseñamos los intangibles sabedores de que el momento "eureka" puede que no sea un momento realmente sino que se parezca más a un amanecer, una concienciación lenta pero sonrosada. Confiamos en el (posiblemente imperceptible) proceso de progresión que nos llevará a la meta.

Luego soltamos. En incrementos cuidadosamente planeados y detallados con incrementos de pasito a pasito, "ladrillos de seguridad en sí mismos" en ese camino hacia la edad adulta.

Enseña autonomía

Enséñame qué es la autonomía y la amplia gama de posibilidades que me aporta, puede que nos diga nuestro alumno. Enséñame cómo convertirme en una persona que lo hace por sí sola, aprender a pescar, construye la seguridad de saber que yo puedo tener éxito en situaciones nuevas, estar entre toda clase de personas y entender que los desafíos pueden ser una dura tarea, pero también que valen la pena y pueden ser divertidos. Yo quiero esto, incluso aunque parezca temeroso al comienzo. Si no aprendo a ser autónomo, siempre estaré dependiendo de tí o de otra persona y puedo ver que eso nos aplasta a los dos.

Muchos educadores conocen el término "andamiaje" aplicado a la enseñanza. Metafóricamente hablando no es distinto a su definición

142

concreta en la industria de la construcción, la estructura temporal que sostiene a los obreros mientras se está construyendo un edificio permanente. Cuando la estructura permanente se ha completado y ya no se necesita el apoyo, el andamiaje se retira. El andamiaje puede ser sencillo o detallado, y su retirada se puede hacer de forma escalonada. Pero el resultado final es igual: una estructura que se mantiene en pie sola.

El concepto de andamiaje como estrategia educativa es igual y es particularmente útil para el desarrollo de la auto suficiencia en un alumno con autismo. Enseñamos y subimos los desafíos paso a paso; eliminamos los apoyos cuando se logra cada nivel nuevo de autonomía. Retirar el apoyo, soltar, es un proceso, no un evento, tanto para el alumno como para el docente.

Tu actitud hacia tu alumno será la actitud que tendrá hacia sí mismo. Si no le puedes ver como capaz, interesante y valioso, ninguna cantidad de educación o terapia aplicada por encima importará.

Una parte esencial del viaje hacia la autonomía es aprender a lidiar con la adversidad. Aceptar nuestro propio potencial para fracasar como seres humanos es mucho pedir para mucha gente. Pero para los alumnos autistas es un desafío aún mayor porque los errores sólo vienen en dos tamaños: inexistentes o aplastantes. Usa el andamiaje no sólo en la enseñanza y la construcción, sino también para permitir el fracaso progresivo. Tenemos que preparar el escenario de los pequeños errores que guían al niño en su habilidad para lidiar con desgracias cada vez mayores.

En mis comienzos como madre, he guardado este relato de un psicólogo que pasó una tarde observando un grupo de niños pequeños jugando en el parque, dándose cuenta de que las madres eran de dos grupos: las madres "¡Bum!" y las madres "¡Oh no!".

Cuando los pequeños se desplazaban veloces, inevitablemente se adelantaban a sus pasos y se caían en la hierba o en el serrín del parque, las madres "¡Bum!" decían "¡Bum!" con una sonrisa y dando palmadas y acompañadas por las palabras "¡Arriba!" y los niños "¡Bum" hacían eso justamente. Las madres "¡Oh no!" daban un salto con exclamaciones de "Oh no, ¿estás bien?" y se abalanzaban hacia el pequeño para asistirle, un pequeño que a menudo se tomaba la reacción de su madre como una indicación para romper a llorar.

Tu actitud hacia tu alumno será la actitud que tendrá hacia sí mismo. Si no le puedes ver como capaz, interesante y valioso, ninguna cantidad de educación o terapia aplicada por encima importará.

La actitud lo es todo. Tu actitud hacia tu alumno o hijo, va a ser la actitud de ese niño para consigo mismo. Si no le puedes ver y celebrar como un miembro capaz, interesante, productivo y valioso de la clase, la familia y la comunidad, ninguna cantidad de educación o terapia aplicada por encima importará.

Enséñale a un hombre a pescar y le alimentas de por vida.

Al enseñar a nuestro alumno a pescar, llegamos de vuelta al punto de partida al comienzo de este libro: prueba positiva de que la enseñanza es circular. Porque las diez cosas que tu alumno quiere que sepas son las diez cosas que él necesita saber y experimentar para cumplir esa visión de ser un adulto capaz e independiente. Asume su papel como un aprendiz de por vida como alumno y maestro. Está conectado a los demás como parte de un equipo; como parte de muchos equipos como miembro de una familia, compañero de trabajo, vecino, ciudadano. Entiende y acepta la responsabilidad por su propio comportamiento y comunica de manera eficaz sus necesidades, deseos e información. Entiende su propia manera de pensar inusual y cómo debe adaptarse a un mundo que piensa de manera diferente que él.

Se percibe como una persona entera de facetas brillantes, y le gusta lo que ve. Tiene curiosidad por su mundo. Cree en sí mismo. Él tiene la visión de ser un adulto capaz e independiente.

Me pregunto ¿Hasta dónde puede crecer ahora?

Continuación

"**L**os libros se acaban pero los relatos no," observó Bryce mientras yo rumiaba en cómo darle forma al final de este libro. "Todos tenemos una historia interminable."

Así que parecía correcto que él fuese el que terminase este libro, con su propia historia sin finalizar..

Él continuó más allá de los relatos contados en estas páginas para graduarse del instituto como el alumno con las notas más altas, su asesor de clase describiéndole como "humilde y elegante... su corazón bien podría llenar este auditorio." Completó varias credenciales universitarias e hizo la transición con éxito al lugar de trabajo donde, aunque destaca que "no es fácil siendo autista," ahora tiene un largo historial como empleado ejemplar. Al principio de sus años universitarios, escribió una redacción para el fin de curso, a lápiz y en menos de noventa minutos, que versó sobre una honda verdad acerca de crecer como autista, y el papel de triunfar o fracasar que todos desempeñamos al guiar a un niño para que cumpla con su potencial completo único. Apareció, ante una respuesta sentida, en varias publicaciones y es una alegría poder cerrar el círculo de aprendizaje de este libro al incluirlo aquí.

Elijo ser optimista

por Bryce Notbohm

Durante los años en que estaba creciendo, desarrollé el sentido de que si estoy haciendo una tarea desafiante, siempre debería intentar tomarme las cosas de la manera sencilla. La manera sencilla tiene que ver con la paciencia, significa que hay que ser trabajador pero evitar complicaciones innecesarias. Esto me da la fortaleza de creer que las cosas saldrán bien para mí una vez que la tarea se haya terminado. Si tomase lo que considero que es la manera difícil, empujándome a intentar decir, hacer y ser las cosas que no soy, tales como ser una persona extrovertida cuando soy más bien introvertido, sería mucho más estresante. Quizás las cosas no habrían resultado ser tan positivas como yo hubiera esperado, quizás yo no habría tenido tanto éxito como he podido ser, si yo me hubiera preocupado demasiado acerca de lo peor que podría haber pasado. Tener un poco de fe en tí mismo y en otros es importante. Da igual como sea tener fe en tu caso, lo que importa es que vas a poder ver cómo eres por dentro, qué es lo que te hace ser tú.

Mis padres siempre me dieron la seguridad en mí mismo. Yo elegí creerles incluso, cuando me hice más mayor y me dí cuenta de que otras familias eran diferentes y yo a veces sentía como que no encajaba con los demás. Yo aguanté porque así es como me criaron y nunca querría abandonar las cosas que vi en la vida primero. El tiempo que yo pasé creciendo con mis padres, mi hermano, mis abuelos, mis tías y tíos, mis primos y muchos profesores excelentes me convenció para ser alguien que podría ver el mundo tal como debe ser. Yo lo llamo el "optimismo noble", y es algo que conservaré toda la vida.

En primaria, mi madurez empezó a emerger pero las personas que me rodeaban parecían vivir en un entorno más complejo. Yo no sentía como que pertenecía allí. Yo estaba preocupado porque mi generación se estaba volviendo maleducada. Pero aún así no dejé que mi fe en mí mismo se desvaneciera.

Fui a un colegio de secundaria notable para alumnos con distintas capacidades de aprendizaje. Allí pude conocer compañeros de clase que no sólo eran personas con habilidades diferentes, sino que eran personas con dificultades en la vida parecidas a las mías. Aprendimos que lo que nos estaban enseñando no era conocimientos aleatorios siendo introducidos en nuestras mentes, sino cómo nos podría ayudar tener éxito y vivir mejor. El poder que yo desarrollé fue una fortaleza que probablemente no habría experimentado si hubiera ido a un colegio de secundaria más grande, más típico. Es una pena que esta clase de educación personalizada y la disciplina mental que enseña no esté disponible en todos los colegios del mundo, al márgen de si un alumno tiene una diferencia de aprendizaje. Cuando nos graduamos, nuestros profesores nos escribieron una nota personal como esta: "Te enfrentarás a desafíos y batallas, te encontrarás ante fracasos y éxitos. Es parte de la vida. No te abrumes. *Lo lograrás.* Tengo toda la confianza en tí. Es sólo el principio, y estás en control. *Lo lograrás.*"

Ahora, en la Universidad, a los veinte años en la fase de crecer a ser un adulto independiente, siento como que he llegado a dar un paso mucho más difícil. Mis emociones se han vuelto más intensas que cuando era pequeño, pero nunca he abandonado mis creencias. La intensidad de mis emociones no me hace sentir agresivo, pero me permiten mostrar una seguridad asertiva en mi defensa de mi mismo, defendiéndome a mi mismo mucho mejor que como hacía hace mucho tiempo. Siento como que puedo tomar mis propias decisiones acerca de cómo manejar mi vida de la mejor manera. El estrés es un enemigo que sigue todavía sin cazar; al igual que todo el mundo, tengo estrés y me afecta, pero ahora siento que puedo vencerlo la próxima vez que aparezca. Al visionar mi vida hacia delante, la elección que yo he clarificado es algo que no sólo me enseñaron mi gente, sino que lo he aprendido por mí mismo mientras crecía. Es una técnica que puede fallar alguna vez en una situación difícil pero la manera que hace que lo sienta en mi corazón y como me motiva es la razón por la cual lo he elegido.

Esto es lo que he tenido todo el tiempo. Elijo ser optimista.

— *Diciembre 2012*

Preguntas e indicaciones para comentario, reflexión o expresión propias

Cómo usar estas preguntas e indicaciones

A lo largo del libro, se te ha pedido que consideres perspectivas, lenguaje, estructuras y patrones que puede que no te sean familiares, que caen fuera de los estándares educativos, para cómo pensar ser maestro. El aprendizaje circular, la comunidad de la clase, definir lo que significa darle a un niño un lenguaje funcional, la reciprocidad de su comportamiento y el tuyo, el papel de la confianza, la curiosidad y el andamiaje en la educación, integrar estos conceptos en tu enseñanza requiere algo más creativo, más expansivo que la sesión de comentarios de grupo corrientes, aunque tales interacciones pueden ser útiles desde luego.

Estas preguntas e indicaciones invitan a explorar de muchas y muy variadas maneras, desde maneras privadas para un sólo destinatario a aquellas más amplias de tipo foro. La intención de estas preguntas e indicaciones es guiarte para que examines perspectivas que puede que no hayas descubierto todavía, a desafiar las que para tí son quizás indiscutibles y consolidar las que te definen y dan cuerpo. Para mí, esa fue la parte más maravillosa de ser madre-profesora de un niño autista: el descubrimiento de perspectivas tan distintas a las mías, la maravilla de aquello y cómo me llevó a la búsqueda y consideración desde lo más hondo acerca de los puntos de vista de otros en todo lo que hago. Me ha permitido atemperar mis sentimientos negativos sin borrarlos (algunas cosas en este mundo se merecen nuestra ira y disgusto intenso) y enmarcarlos de manera más constructiva. Así que si algunas de estas preguntas e indicaciones te incomodan (o exasperan o te enojan), considera el valor de abordar el tema desde una perspectiva opuesta.

Aquí nada de gráficos, juegos o instrucciones para materiales de enseñanza. Algunas de las indicaciones requieren una acción concreta, tal como hacer una lista o realizar observaciones activas, pero otras son intencionalmente vagas. Se pueden interpretar de manera literal o figurativa, en sentido concreto o una manera emocional. Quizás te retes a contestar de ambas maneras en momentos distintos. Algunas preguntas o indicaciones pueden confundir o incomodarte o te pueden animar y motivar. También te puede ser esclarecedor volver a tales instrucciones después de un cierto tiempo, unos meses o un año o dos y ver cómo ha cambiado tu perspectiva.

PIENSA. No hay necesidad de escribir, no apuntes nada, no mires la pantalla de tu ordenador. No se incluyen pilas ni se necesitan. No hay que corregir la ortografía o gramática. La perspectiva puede desarrollarse de maneras elocuentes y evocadoras sin tener que escribir ni una sola palabra. Requiere valor estar a solas con tus pensamientos. El papel se puede destruir fácilmente, pero no la energía del pensamiento.

ESCRIBE. Si tu medio de comunicación es la palabra escrita, lo maravilloso es que lo que escribes puede permanecer como un trabajo en evolución durante todo el tiempo que desees, creciendo, cambiando, atravesando sus propias estaciones, dando lugar a nuevas ideas.

COMENTA. Las indicaciones en este libro pueden ser útiles como puntos de partida de una discusión con un colega, amigo o miembro de familia o dentro de un grupo. Si te es posible, busca a adultos autistas para que te den sus puntos de vista de primera mano.

OTROS MEDIOS. Dibujar, pintar y muchos medios de arte son las formas de expresión más significativas para algunas personas. El trabajo artístico de las portadas de varios de mis libros fue realizado por artistas autistas para quienes la palabra no es el modo de comunicación preferido.

Que empiece la exploración.

Enumera tres maneras en las cuales tu aula se dedica al aprendizaje circular. Si no se te ocurre ninguna, ¿te ha animado este libro a que pienses acerca de crear oportunidades para el aprendizaje circular? Si es así, enumera tres cosas que podrías intentar para fomentar el aprendizaje de alumno a profesor, de alumno a alumno o a través de otras maneras.

✳

¿Las dinámicas de equipo en tu colegio son productivas, indiferentes o venenosas? ¿Por qué crees que son así? Si las dinámicas de equipo no son muy productivas, ¿qué se puede hacer para mejorarlas? Haz una lista de acciones posibles que podrías hacer, independientemente de lo probable o improbable que parezcan. Comparte la lista en un marco de equipo de solución de problemas si es posible.

✳

¿Crees que los alumnos tienen alguna responsabilidad unos ante otros para crear un aprendizaje interdependiente en la comunidad de aprendizaje del aula? ¿Por qué o por qué no? ¿Cuáles son algunos de los obstáculos para lograr esto? ¿Qué acciones podrías tomar para lograr un aula totalmente inclusiva e integrada?

✳

El Capítulo Cuatro sugiere que no hay comportamiento "malo" o "negativo", sólo comportamiento como comunicación, y que sólo es a través de un exámen honesto de nuestro propio comportamiento como adulto que podemos causar un impacto positivo en el de un niño. Esto puede ser doloroso pero revelador. Piensa o escribe acerca de un incidente de enseñanza que te gustaría olvidar, en el cual quizás desplegaste comportamiento "malo" o juicio. Deja pasar un día o dos, y luego adéntrate en el incidente.

- ¿Por qué te comportaste de esa manera?

- ¿Elegiste conscientemente comportarte así o fue instintivo, reflexivo o reactivo?

- ¿Cómo reaccionó tu alumno (o colega o padre de alumno)?

- ¿Qué se logró? Explora cada emoción.

- Si pudieras hacerlo de nuevo, ¿qué cambiarías?

- ¿Le debiste una disculpa al niño? Si es así, ¿te disculpaste? Si no, ¿por qué no?

- ¿Encontraste una resolución o paz?

✳

¿Qué clases de acomodos sensoriales has hecho o estás dispuesto a hacer para tu alumno autista en tu aula? ¿Cómo han reaccionado los otros alumnos ante estos acomodos?

✳

Haz una lista de todos los modismos que se te ocurran. Conserva un pequeño cuaderno a tu lado durante un día o dos y apunta cada modismo que oigas. Hazte muy consciente de cómo los modismos, juegos de palabra, metáforas, verbos preposicionales y otras maneras del habla figurativa saturan nuestro lenguaje cotidiano. Crea un juego para toda la clase que ayude a los niños a aprender los significados de los modismos.

154

*

¿Cómo te sentiste después del ejercicio del Capítulo Cinco sobre cómo remover tu modo de comunicación funcional? ¿Qué cambios podrías considerar realizar en la manera en que te comunicas con tu alumno autista?

*

Enumera veinte maneras en que tu alumno con autismo es como la mayoría de los otros alumnos.

*

En el Capítulo Siete se cita a Albert Einstein diciendo: "Es un milagro que la curiosidad sobreviva a la educación formal." ¿Qué crees que él quería decir con eso? Enumera cinco maneras en que esa afirmación puede ser verdad en tu aula o colegio. Luego enumera cinco maneras en que tu aula fomenta la curiosidad o lo que tú podrías hacer para animar más la curiosidad, especialmente para tus alumnos autistas.

*

Crea una actividad continuada o demostración que fomente la mentalidad *me pregunto*.

*

¿Has comentado de forma activa el papel de la confianza en el aprendizaje con tus alumnos, bien sea de forma individual o como comunidad de aula? Crea una actividad en la cual los alumnos y los profesores pueden aportar ejemplos y compartir ideas sobre ganar y demostrar confianza unos en otros.

*

Reflexiona: Aunque sólo sea ocasionalmente, ¿alguna vez te ves diciendo: "Confía en mí," a un alumno en lugar de exhibir rasgos de confianza como fiabilidad, consistencia, respeto y paciencia? ¿Crees que las a las personas con autoridad se les debe respeto y confianza como resultado de su posición? Piensa en cómo se desenvuelve esto en tu propia vida. ¿Cómo te hace sentir esto?

*

Imagínate a tu alumno autista como adulto, escribe una descripción para él de su empleo ideal. Ten en mente que hay muchos trabajos que podrían ser ideales para él que todavía no existen.

*

Escribe durante diez minutos acerca de una vez en que dijiste la verdad y nadie te creyó.

*

Una alumna de último curso de secundaria trabajando en un proyecto de ciencias me preguntó una vez: "¿Es posible que la razón de que haya más y más niños diagnosticados con autismo es porque la siguiente generación de nuestro mundo va a necesitar ser autista para poder sobrevivir, como la evolución natural?" Nadie puede decir todavía si esta joven pensadora e inquisitiva tiene razón o no. El descubrimiento de lo que aún no sabemos es la razón de la exploración de la ciencia. Pero considerando la estructura del pensamiento del autismo y la manera en la que los alumnos autistas se relacionan socialmente y experimentan su entorno físico, piensa escribe o comenta:

- ¿Cómo experimentaría la comunidad del aula y el colegio como una totalidad el cambio si quienes se consideran neurotípicos necesitaran la ayuda de personas que piensan y funcionan de manera autista?

- ¿Cómo cambiaría tu manera de enseñar si fuese así?

- ¿Serían para mejor algunos de estos cambios? Describe por qué o por qué no.

- ¿Sería beneficioso implementar algunos de esos cambios en tu aula actual y colegio?

- ¿Esta pregunta te ha suscitado emociones inesperadas, posiblemente conflictivas, posiblemente emocionantes? ¿Cómo te ha hecho sentir no sólo como profesor, sino como ser humano, miembro de una comunidad y padre si lo eres?

- Si eres profesor de alumnos autistas, ¿te sería cómodo comentar esta pregunta con tus colegas no autistas?

Preguntas de seguimiento

Antes de leer este libro, ¿qué expectativas tenías para tu alumno autista? ¿Hay algo en el libro que haya cambiado tus expectativas? ¿Cómo? ¿Hay algo que haya reforzado tus pensamientos ya existentes?

*

Antes de leer este libro, ¿qué creencias tenías sobre el autismo en general? ¿Hay algo en el libro que haya hecho cambiar tus creencias

157

sobre el autismo? ¿Cómo? ¿Hay algo que haya reforzado tus pensamientos ya existentes?

*

Si fueses a entregarle este libro a un colega o padre, ¿qué puntos querrías comunicar más deseosamente?

*

¿Será diferente la vida de tu alumno como consecuencia de leer este libro? ¿Será distinta la tuya?

[Preguntas de seguimiento adaptadas de *Ten Things Every Child with Autism Wishes You Knew*, tercera edición, Ellen Notbohm, 2019]

Agradecimientos

Mi trabajo en la edición inicial de este libro coincidió con el último semestre de clase en secundaria de mi hijo Connor, así que era natural que yo pasara algún tiempo reflexionando sobre la constelación de educadores con los cuales interactuamos durante los dieciséis años de la educación de nuestros dos hijos. Empecé una lista pero perdí la cuenta después de 100. De esos 100, tres eran realmente malos y quizás un puñado eran dudosos. El resto, la abundante mayoría cubrían la gama de buenos a sencillamente superlativos. Ellos realizan su trabajo bajo condiciones cada vez más difíciles, a veces casi imposibles, y su dedicación me hace sentirme humilde. Nunca podría hacer lo que ellos hacen y les venero a cada uno de ellos.

Los corazones y las mentes de tantos profesores y terapeutas se han descrito en este libro. Algunas personas han sido nombradas en pasajes concretos y otros no, bien porque me pidieron permanecer en el anonimato o porque sus ideas se presentan como compuestos con las de otros pensadores similares. De cualquier manera, por favor, únete a mí en la esperanza de que todos los niños autistas logren tener educadores y proveedores de servicios como los de cuyas ideas brillan en este libro: Roneete Lynas, Ariel Nadel, Christine Hunt, Jackie Druck, Mary Schunk, Nola Shirley, Veda Nomura, Julieann Barker, Christine Bemrose, Sarah Spella, Patti Rawding-Anderson, para nombrar solo a unas pocas personas.

Mi agradecimiento especial para Jennifer McIlwee Myers, autora y defensora sin parangón de autistas, por su visión clara y convincente acerca de cómo es navegar por la vida y el sistema educativo como alumna con TEA.

Gracias como siempre a Jennifer Gilpin y los empleados de Future Horizons por nuestra relación que dura ya casi veinte años en el momento de esta escritura, con una creciente apreciación por cada año por las vidas que hemos sido honradas en afectar en cada rincón del mundo.

Veronica Zysk ha sido mi editora desde 2003, ya llega a la colaboración en siete libros y años de colaboración en columnas en revistas en el cual su trabajo sin parangón y su espíritu sobrepasa las palabras. El concepto original y la visión de este libro han sido suyas, y le doy las gracias por no aceptar nada menos de lo que ella sabía que yo era capaz de dar, particularmente cuando se hizo necesario un parir con fórceps en ciertos capítulos.

Mi marido Mark ha sido el ancla apoyando todos mis libros y mi hijo Connor ha sido la chispa que me ha dado la seguridad de creer en mí misma como madre. Pero sin Bryce, no habría habido libro. Como uno de mis maestros más consecuentes, allá donde vaya él es donde iré yo. Me pregunto: ¿Dónde...?

Acerca de la autora

La obra internacionalmente reconocida de Ellen Notbohm ha informado y encantado a millones de lectores en más de veinticinco idiomas. Además de su sempiterno "bestseller" *Ten Things Every Child with Autism Wishes You Knew*, otros tres libros galardonados sobre el autismo y su renombrada novela *The River by Starlight*, sus columnas y posts han aparecido en publicaciones de entidad y capturado público en todos los continentes. Los libros de Ellen han ganado los siguientes premios: Chanticleer International Book Awards Grand Prize for Instruction and Insight, Sarton Women's Book Award, Western Writers of American Spur Award, y el Independent Publishers Book Awards Gold Medal, además de ser nominada para el Grand Prize Short List y ser finalista del Montaigne Medal y el Eric Hoffer Books Awards, y ganar numerosos premios finalista y ser elección para librerías tanto en obra de ficción como no ficción.

¡Uno de los clásicos mas queridos de la comunidad autista!

Este libro ofrece una exploración única acerca de diez características centrales del autismo que afectan las percepciones y reacciones de nuestros hijos al entorno físico, sensorial y social. La tercera edición enfoca con más detalle estos aspectos básicos mientras se explaya sobre como nuestra propia perspectiva moldea la vida de nuestro hijo y nosotros mismos, hoy y durante años venideros. Una sección completamente nueva ilumina el alcance de nuestro poder de elección y detalla estrategias para toma de decisiones importantes en cualquier situación.

14 Signos del Autismo

1. Puede evitar el contacto visual.
2. Puede preferir estar solo.
3. Repite palabras o frases una y otra vez (ecolalia).
4. Dificultad para interactuar con los demás.
5. Gira objetos o uno mismo.
6. Insistencia en la igualdad.
7. Anexos inapropiados a objetos.
8. Risas inapropiadas o risitas.
9. Puede que no quiera caricias.
10. Dificultad para expresar necesidades; puede usar gestos.
11. Respuestas inapropiadas o no responde al sonido.
12. No siente temor ante peligros reales.
13. Insensibilidad aparente al dolor.
14. Juego sostenido, inusual o repetitivo; habilidades físicas o verbales desiguales.

CPSIA information can be obtained
at www.ICGtesting.com
Printed in the USA
JSHW040916270822
29805JS00001B/1